Cheiro's Charakteranalyse

AF222810

Jürgen Berus (Hrsg. und Übers.)

Cheiro's

Charakteranalyse

Wann sind Sie geboren?

*Mit 5 farbigen Abbildungen
und zusätzlichen Tabellen*

Originaltitel: "When Were You Born?"

First published by
Herbert Jenkins Limited,
London
1912

Bibliographische Information durch die Deutsche Bibliothek:

Die Deutsche Bibliothek verzeichnet diese Publikation in der Deutschen Nationalbibliographie; detaillierte bibliographische Daten sind im Internet über http://dnb.ddb.de abrufbar.

1. Auflage September 2008
Übersetzt und bearbeitet von Jürgen Berus
Copyright © 2008 bei Jürgen Berus
Satz und Layout von Jürgen Berus
http://www.juergen-berus.de

Coverbild: © Gerd Altmann / PIXELIO & Jürgen Berus

ISBN-13: 978-3-83706-381-3

Herstellung und Verlag:

Books on Demand GmbH, Norderstedt

Inhaltsverzeichnis

Abbildungsverzeichnis

Vorwort von Jürgen Berus

Als Cheiro 1912 der Welt dieses Buch mit dem Titel „When Were You Born?" vorstellte, war er bereits auf dem Höhepunkt seiner Karriere. Berühmtheit erlangte er dadurch, dass er vielen berühmten Persönlichkeiten die Zukunft vorhersagte und zwar so präzise, wie es vor ihm noch niemand vermochte.

Viele berühmte Prophezeiungen wurden zur unwiderruflichen Gewissheit. Im Verlauf seiner Lesungen sagte er folgendes vorher: das Datum vom Tod der Königin Victoria, das Jahr und sogar den Monat, wann König Edward VII verscheiden würde, das schreckliche Schicksal, das den Zaren von Russland erwartete, das Attentat von König Humbert von Italien, der Mordanschlag auf das Leben des Schah' s in Paris, und mit der gleichen Genauigkeit verkündete er die Hauptereignisse im Leben von Tausenden von bekannten Personen.

In einer einfachen und klaren Art und Weise versucht Cheiro in diesem Buch zu erklären, wie wundervoll der universelle Mechanismus arbeitet, unter dem jeder Mensch existiert. Ohne zusätzliche Berechnungen ausführen zu müssen, kann dieser kleine Ratgeber von nahezu jeder Person benutzt werden, um das einfache Geheimnis für sich anzuwenden.

Er beschreibt den Charakter und die Disposition von Personen, die in einem bestimmten Zeitraum und unter einer bestimmten Zahl geboren sind und gibt dem Leser ein nützliches Hilfsmittel in die Hand, um die günstigen Schwingungstendenzen aufzuzeigen, die in Form von Farben und günstigen Tagen unsere Lebensqualitäten verbessern werden.

Cheiros Ziel war es, dass jede Person sein System anwendet, um das Schicksal jedes Menschen zu verbessern. Cheiros Sympathielehre stellt ein weiteres Highlight dar, mit der er aufzeigt, welche Personengruppen miteinander harmonieren. Dieser Ratgeber ist ein wirklich gelungener Beitrag zum Verständnis unserer Existenz.

Jürgen Berus

http://www.juergen-berus.de

Vorwort von Cheiro

D as Ziel dieses Buches liegt darin, auf eine einfache und klare Art und Weise die Wahrheit darzulegen, die auf die Ursache gründet, dass der Zeitpunkt der Geburt und die Bedeutung der Tageszahl einen großen Einfluss auf das Menschenleben hat.

Ich hoffe, dass beim Lesen dieser Seiten gesehen werden wird, wie perfekt der Mechanismus des Universums ist. Durch ein Studium dieser Dinge können bestimmte Eigenschaften und sogar Details in Bezug zur Gesundheit herausgefunden werden.

Viele Bücher sind veröffentlicht worden, die vorgaben, sich mit diesen Fragen zu befassen, und obwohl einige dieser Bücher in ihrer Beschreibung sehr ausgezeichnet sind, habe ich herausgefunden, dass sie gewöhnlich in ihrer Methode zu kompliziert gewesen sind oder nur ihre Theorien beschrieben haben. Die praktische Verwendung solcher Schriften ist daher für einen Alltagsmenschen, der keinerlei okkulte Ausbildung genossen hat, nahezu wertlos.

Ich bin dazu ermutigt worden, diese Arbeit auf dem Weg zum Erfolg zu schicken, so wie meine anderen Veröffentlichungen, die das Thema der Handlesekunst beinhalteten und die Belobigungen, die ich dadurch erfuhr, weil ich es in einer einfachen Sprache erklärte, waren enorm. Somit war dieses Studium praktisch benutzbar und konnte einer breiteren Schicht von Menschen in ihrem Alltagsleben zur Seite stehen.

Im vorliegenden Buch habe ich größtenteils meine eigenen Erfahrungen in dieser Charakterstudie einfließen lassen und ich kann sicher behaupten, dass *es keine Regel gibt, betreffs der Neigungen, des Charakters oder der Gesundheit, die nicht durch meine eigene Arbeit, die sich über einen Zeitraum von mehr als vierzig Jahren emsiger Berufsarbeit erstreckte, gründlich überprüft worden ist.*

Angesichts dessen, dass ich während dieses Zeitraums von täglich fünfzehn bis zu zwanzig Personen pro Tag konsultiert wurde, glaube ich, dass ich sicher behaupten kann, ein großes Feld gehabt zu haben, in welchem ich das Wissen für dieses Buch sammeln konnte.

Ich habe so viele zerstörte und zerbrochene Leben gesehen, wo die Personen sogar ein wenig Wissen von ihren eigenen Dispositionen hatten. Diese negativen Erfahrungen hätte man sich aber ersparen können, wenn man diesen Personen in einer einfachen und preiswerten Form dieses Wissen von den Zeiträumen gelehrt hätte, um ihren Charakter und ihre Neigungen zu erkennen.

Ich glaube, dass jede Hilfe, die zur Beobachtung des Charakters führt, *nicht nur nützlich, sondern auch sogar notwendig ist, besonders wenn man wünscht, auf dem Laufenden zu bleiben und erfolgreich werden will, zu einer Zeit, mit einer immer größer werdenden Konkurrenz.*

Jene Leute, die die Möglichkeit haben, ihren eigenen Charakter und die Dispositionen von anderen zu erlernen, müssen sicherlich dreifach bewaffnet durchs Leben gehen und müssen dementsprechend erfolgreicher sein, als die Menschen, die nichts von solchen Dingen wissen.

Deswegen zögere ich nicht, wenn ich sage, dass man mit diesem Buch in seinem Besitz ein Mittel zum Erfolg und auch zum Glück besitzt.

Mit sogar geringen Kenntnissen von dem, was ich in diesen Seiten als die natürlichen Lebenssympathien bezeichne, wären die Scheidungsgerichte nicht so überfüllt, würden die Eltern leichter ihre Kinder und die Kinder besser ihre Eltern verstehen und sehr viel Leiden und Reibung könnte somit vermieden werden.

Zum Ende hin hoffe ich, dass dieser kleine Ratgeber ein Mittel ist, um vielen Mitmenschen zu helfen.

„CHEIRO"

Vorwort von Cheiro

Astrologie und astrologische Zahlen

Für viele Menschen hat die Astrologie einen zweifelhaften Charakter und stellt sie in Verbindung mit vielen abergläubischen Praktiken, die aus der Vergangenheit übernommen wurden; tatsächlich aber ist die Astrologie ein mathematisches Verfahren von bewiesenen Gesetzen- Gesetze, die nicht weniger Beweiskraft besitzen, wie die ergänzenden Wissenschaften der Handlesekunst und der Numerologie.

Alle Wissenschaften stützen sich auf eine sehr einfache Grundlage. Fakten werden sorgfältig gesammelt, Experimente folgen, und aus den gesammelten Daten werden die Ergebnisse analysiert. Derselbe Prozess wird in der Chemie, Physik, Biologie und allen anderen Wissenschaften eingesetzt. Sobald eine bestimmte „Rechtsvorschrift" erlassen worden ist, ist der Chemiker im Stande „vorauszusagen" – wenn sie es auf diese Weise machen - was wird sich dann ereignen?

Der Astrologe arbeitet nach genau der gleichen Methode. Er und seine Kollegen haben herausgefunden, dass wenn zum Beispiel der Planet Mars in der Nähe vom Osthorizont steht, und eine Person zur gleichen Zeit zu diesem Ereignis und an diesem Ort geboren ist, die Person muskulös, eigensinnig, kampflustig und aktiv sein wird. Mit anderen Worten fallen gewisse bekannte Phänomene im Himmel mit entsprechenden Phänomenen auf der Erde zusammen.

Wie oder warum dies so ist, ist nicht bekannt. Die einfachen Fakten bleiben übrig und können von jedermann mit etwas mathematischem und astrologischem Wissen und einer „Ephemeride[1]" für ihr Geburtsjahr bewiesen werden. Die elementaren Tatsachen der Astrologie sind niemals widerlegt worden. Aber man muss sich daran erinnern, dass die vom Astrologen gemachten Voraussagen nicht "okkulter" sind, als die ehemaligen Experimente des besagten Chemikers. Beide basieren in der Annahme, dass die "Gesetzesregeln des Universums" eine universell akzeptierte These ist.

Es wird vom Studenten der Astrologie behauptet, dass es eine Verbindung zwischen dem Geburtsdatum des einzelnen Menschen und den Planetenständen zu dieser Zeit gibt. Daher kann in Bezug zum Individuum viel von den Himmelsständen gelernt werden.

Alle lebenden Menschen werden in zwölf gleich große Bereiche eingeteilt, gemäß dem Monat[2], in dem sie geboren sind. Es stimmt, dass sehr verschiedene Leute in dem gleichen Monat geboren sind. Aber wenn zwanzig Menschen, die zwischen dem 1. und 20. Januar geboren sind, sorgfältig analysiert werden, dann würde man herausfinden, dass sie trotz ihrer verschiedenartigen äußeren Eigenschaften in ihrem Innersten recht ähnlich sind. Aufgrund ihrer Erziehung, Umgebung, gesellschaftlicher Position, Grad ihrer geistigen Entwicklung etc. hätten sie gewisse elementare und allgemeine Eigenschaften gemeinsam.

Ich habe deshalb die Früchte meiner vielen Beobachtungen gesammelt und präsentiere sie nun in einer übersichtlichen Form für die einzelnen Monate auf den folgenden Seiten. Diese allgemeinen Charaktereigenschaften werden im Großen und

---

[1] Eine Ephemeride ist eine Tabelle, die die Positionen eines sich bewegenden astronomischen Objekts auflistet.
[2] Bedenken Sie, dass der Astrologische "Monat" am 21. eines jeden Monats beginnt und bis zum 21. des nächsten Monats andauert.

Ganzen ziemlich genau zutreffen. Allerdings werden die Beschreibungen nicht alle Eigenschaften abdecken können und können manchmal im Detail nicht zutreffen. Trotz dieser prozentualen Abweichung im Einzelfall werden Sie mit diesen Erläuterungen einen zuverlässigen Führer zur Hand haben.

Die feineren Charakterschattierungen, die Manifestation des Genies, spezielle Fähigkeiten, anormale oder unterdurchschnittliche Geisteseigenschaften, können nur durch das individuelle Horoskop herausgefunden werden. Dieses Horoskop ist von der genauen Uhrzeit und dem Geburtsdatum des betroffenen Individuums abhängig. Die Erstellung und Beurteilung eines Horoskops kann man durch ein privates Studium erwerben oder man geht zu einem Berufsastrologen.

Betrachtung des Mondes

Schon in der Frühzeit der Geschichte hat der Mond eine wichtige Rolle im Leben der menschlichen Rasse gespielt. Ihre sich verändernde Kugelform wurde zu einem Zeitmaß eines unfehlbaren Naturkalenders.

Verweise aus der Bibel oder auch die heiligen Bücher aller Zeiten und aus allen Ländern enthüllen die wichtige Bedeutung der Mondphasen in den zeremoniellen Religionen.

Wir wissen, dass die Tiere, Vögel und Reptilien an den Vollmondtagen viel beweglicher sind als an den anderen Tagen.

Wir wissen ganz genau, dass die Ebbe und die Flut der Gezeiten teilweise darauf beruht, dass das Meerwasser durch die Anziehungskraft zum Mond hingezogen wird - wo auch immer die

„Männer zur See fahren", müssen sie auf die Zeiträume und die Jahreszeiten achten.

Wir wissen von der traditionellen Verbindung zwischen den Zuständen der geistigen Unbeständigkeit und den verschiedenen Mondphasen.

Wir wissen von den seltsamen Halluzinationen, die während des Schlafes erzeugt werden, wenn wir dem tropischen Mondschein ausgesetzt sind.

Wir können erkennen, dass es eine Übereinstimmung zwischen gewissen weiblichen Funktionen und den achtundzwanzigtägigen Mondzyklus gibt.

Menschen, die zu jeder Zeit die Naturerscheinungen studiert haben, gaben an, dass der Mond einen Einfluss auf das Gemüseleben, auf tierische Funktionen und die psychische Aktivität des Menschen hat.

Die Theorien der alten Alchemisten bestanden schon viele Jahrhunderte vor dem Materialismus und wurden von den modernen Chemikern und Physikern wiederentdeckt und als richtig bewiesen. Genauso werden die Lehren der alten Astrologen bezüglich des Mondeinflusses (obwohl sie ungenau angegeben werden und mit viel erfundenen Dingen vermischt wurden) von der "erleuchteten" Wissenschaft in naher Zukunft wiederhergestellt.

Nun wollen wir uns mit der Bedeutung des Mondeinflusses und den Mondphasen beschäftigen.

Lassen sie uns nun in einigen Worten die Astrologische Überlieferung zusammenfassen:

Es wird angenommen, dass die gesamte Natur in einem Zustand der Schwingung, des Wechsels und des Pulsierens ist. Im menschlichen Körper ziehen sich die Herzmuskeln zusammen, um sich dann wieder auszudehnen, das Blut wird durch die Adern gepumpt und durch die Arterien geleitet. Die Lungen inhalieren und atmen aus. Der Mensch wacht auf und schläft, arbeitet und ruht sich aus. Der Winter folgt dem Sommer. Die wirklichen Pole schwingen in einem sehr langen Zyklus.

Nun, in gewissem Sinne, symbolisiert sich der wechselnde Mond sofort und man erkennt über die verschiedenen Pulsschläge die Lebensaktivität unserer Erde.

Dieser Pulsschlag tritt mehr oder weniger alle dreißig Tage auf. Der positive Pulsschlag tritt während der vierzehn bis fünfzehn Tagen auf, wenn der Mond zunimmt - d. h., von der Zeit des Neumonds bis zur Zeit des Vollmonds. Der negative Pulsschlag tritt auf, wenn der Mond abnimmt - von der Zeit des Vollmonds bis zum Neumond, über dem letzten Viertel.

Der Einfluss der Mondphasen

Die Periode, in der der Mond zunimmt, ist die erste Hälfte eines Mondmonats. Dieser Zeitraum ist günstig für Wachstum oder Expansion, entweder materiell oder geistig. Die Zeitspanne, in der der Mond abnimmt, ist ungünstig für Wachstum oder Expansion: es entspricht dem Nachlassen, dem Zerfall auf allen Ebenen. Beide Perioden (so die alten Astrologen) haben ihre Berechtigung zum Nutzen für die Menschheit.

Somit sollte jede Tätigkeit, die ein größtmögliches Wachstum verlangt, während des zunehmenden Mondes ausgeführt werden, wie Säen und Pflanzen, Reisen, neue Unternehmungen,

Nachwuchsplanungen, Investitionen und Beginn von persönlichen Beziehungen.

Ähnlich sollten die folgenden Tätigkeiten ausgeführt werden, wenn der Mond abnimmt: Ernten von Getreide, Vernichten von Schädlingen, auch bei Tieren oder beim Gemüse, chirurgische Entfernung von Tumoren oder Wucherungen etc.

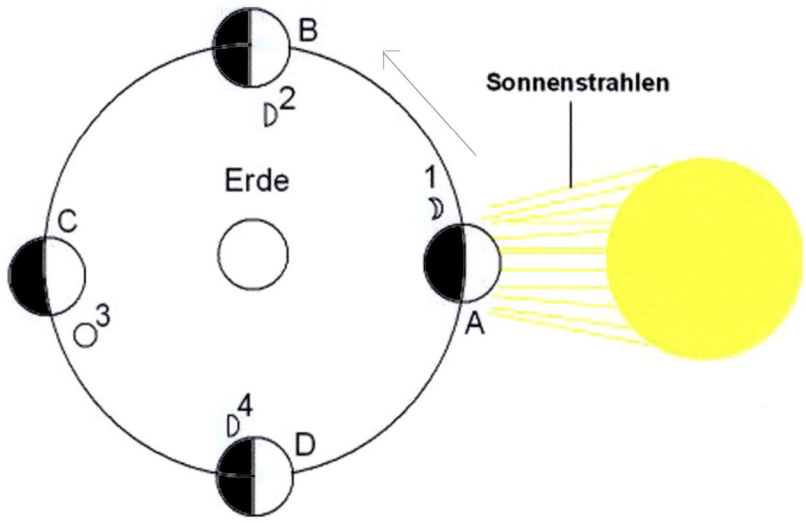

DIE MONDPHASEN

Es ist vielleicht hilfreich, wenn ich hier kurz die Ursachen der Mondphasen erläutere. So wie sich die Erde in einem Jahr um die Sonne
dreht, macht der Mond alle achtundzwanzig Tage eine ähnliche Um-
drehung um die Erde. Weil sich die Erde in der Zwischenzeit selbst
bewegt hat, gibt es beinahe alle dreißig Tage den "Neumond" (oder
der Mond erreicht die Position der Sonne). Die Strahlen der Sonne
(rechts oben in der Zeichnung) erleuchten immer den Teil des Mondes, der der Sonne gegenüber liegt.

Wenn sich der Mond am Punkt A befindet, dann können wir auf der
Erde nicht den beleuchteten Teil des Mondes sehen. Wir sehen nur
den Rand als einen schwachen Halbmond (1) und danach den "Neumond". Wenn der Mond ein Viertel seiner Umkreisung vollendet hat,
erreicht er B und sieht nun ein "Viertel" (2) des Mondes. Nach über
einer Woche erreicht er den Punkt C und wird nun als eine hell er-
leuchtete Scheibe gesehen - den "Vollmond". Schließlich durchläuft er
das letzte Viertel und erreicht den Punkt D und schaut nun aus wie bei
(4). Folglich sind die Wechsel der Mondformen eine natürliche
Grundlage für die Sieben – Tage - Woche.

Astrologie und astrologische Zahlen

Verschiedene Dinge, die unter die einzelnen Planetenregeln fallen

Merkur ☿

Reisen, Transport und Kommunikation jeder Art: Schrift, Fernsehen, Rundfunk, Formgebung, Werbung, Journalismus, öffentliches Sprachverhalten, Erziehung und alle Dinge, die die Jugend betreffen.

Venus ♀

Liebe, Liebeswerbung, Begattung, Ehe, Kunst, Musik, Dekoration, Kleidung, Unterhaltung, Urlaub, Tanzen, Spielen, Friedensstiftung, Vergnügungen jeder Art, gesellschaftliche Anlässe jeder Art, Almosen geben.

Mars ♂

Sport, Spiele, Jagd, Kampf, Ringkampf, alles, das Kraft und starke Tatkraft benötigt: mechanische Arbeit, das „Unterentwickelte", die Chirurgie, öffentliche Aufregung und Bewegungen.

Jupiter ♃

Geschäft und Handel jeder Art, Investitionen, Bankgeschäfte; religiöse Zeremonien und Funktionen, Gefälligkeiten, Prozesse; Zeremonielle und philanthropische Anlässe jeder Art, wo versucht wird, anderen zu helfen.

Saturn ♄

Tiefes Studium, Konzentration, genaues und logisches Denken, der Bergbau, Handel mit Eigentum und Immobilien, Land und Gartenarbeit, Zeichnungen, Mathematik; alles, wo eine absolut ausgeglichene und leidenschaftslose Gemütsverfassung benötigt wird.

Uranus ♅

Alles „Fortschrittliche", Erfindung, Forschung, Okkultismus, Astrologie, Gedankenübertragung, idealistische Bewegungen, Fotografie, Radio, Luftfahrt, Studium und Forschung. Intensive und konzentrierte Bemühungen, die größtenteils geistig sind.

Neptun ♆

Seereisen, das Baden, sinnliche Vergnügungen, Eingebungen, geistige Erfahrungen, Vorahnungen, spiritistische Sitzungen, höhere Formen von Musik und Kunst, Wahrsagen jeder Art.

Eigenschaften von Menschen, die im Januar geboren sind

Das Tierkreiszeichen des Steinbocks fängt am 21. Dezember[3] an, aber für die ersten sieben Tage wirken noch die Schwingungen des vorhergehenden Zeichens (Schütze) in abgeschwächter Form bis zum 28. Dezember. In seiner vollen Kraft wirkt dieses Zeichen bis zum 20. Januar und verliert diese dann allmählich in den folgenden sieben Tagen. Gleichzeitig entwickelt sich am 21. Januar die Schwingung des ankommenden neuen Zeichens - Wassermann.

Personen, die zwischen dem 20. und dem 27. Januar geboren sind, besitzen die Charakteristika von beiden Tierkreiszeichen, nämlich des Steinbocks und des Wassermanns, und diese Regeln gelten für alle Personen, die innerhalb des "Umkehrpunkts" eines Zeichens geboren sind. Die in diesem Zeitraum geborenen Menschen haben eine starke geistige Kraft, werden aber in der Regel von anderen missverstanden.

[4]Sie sind Denker mit einem logisch aufgebauten Geist und die natürlichen Leiter von Geschäftsorganisationen oder irgendwelchen staatlichen Einrichtungen. Sie lieben die Unabhängigkeit und verfügen über eine hohe Motivation in all ihren Tätigkeiten. Ferner verabscheuen sie es, wenn sie unter einer Beschränkung von anderen stehen müssen.

---

[3] Ich spreche hier in einem symbolischen und kabbalistischen Sinn und benutze hierbei die astrologischen Begriffe, um meine Bedeutung dem Leser klar zu machen. Diese Bemerkung bezieht sich auch auf alle anderen Monate, die in meiner psychologischen Gesamtschau der zwölf Tierkreiszeichen mit eingeschlossen werden.
[4] Die folgenden Ausführungen gelten für alle unter dem Zeichen des Steinbocks geborenen Personen.

In allen Dingen, in denen sie sich engagieren, wollen sie der Führer sein, ansonsten verlieren sie das Interesse an dieser Tätigkeit.

Sie haben seltsame Ideen von Liebe, Pflicht und gesellschaftlicher Position. Aus diesem Grund werden sie oft als „Eigenartig" eingestuft und können sich nicht leicht an ihre Umwelt anpassen.

Auch wenn sie nicht religiös sind, haben sie doch eine tief religiöse Natur und tun alles, um anderen Menschen zu helfen. Aber ihre Anstrengungen werden im Allgemeinen eher bei vielen Leuten als bei einzelnen Individuen ausgeübt.

Sie sind ausgezeichnete Sprecher, aber weniger durch die Rhetorik als durch das einfache flüssige Sprechen; häufig sprechen sie zuviel, was sich dann negativ auf sie selbst auswirkt.

Gewöhnlich machen sie ihren größten Fehler dadurch, dass sie für eine unbeliebte Sache eintreten und für "Unterdrückte" im Kampf ziehen. In diesen Aktionen werden sie oft missverstanden und machen sich so die bittersten Feinde.

Solche Leute geben sich zu stark ihren Verantwortungen hin und durch diese Beunruhigungen leidet dann oft ihre Gesundheit.

Sie haben eine gute Intuition in Bezug zu anderen Menschen und Dingen, aber sie werden auch in der Regel leicht entmutigt, und dies verursacht in ihnen ein niedriges Selbstbewusstsein.

Obwohl sie mitunter kalt erscheinen, haben sie warme Herzen, die zu Leid und Gefühl fähig sind und in der Regel verschreiben sie sich oft der Wohltätigkeit. Allerdings sind sie weit großzügiger zu wohltätigen Einrichtungen als zu Einzelpersonen.

Wenn sie religiös sind, dann gehen sie gewöhnlich zum Extrem über und werden fanatisch in ihrem Eifer.

Sie himmeln intellektuelle und kluge Leute an und sind tiefe Denker; selten stören sie die täglichen Arbeiten von anderen, dulden jedoch auch keine Einmischung von außen.

In ihrer beruflichen Karriere sollten sie die Form des öffentlichen Lebens anstreben, und in dieser Tätigkeit tun sie gewöhnlich ihr Bestes, wie in Regierungspositionen und in verantwortungsvollen Stellungen, die Kontrolle und Geschäftsführung beinhalten.

Oft werden sie dazu bewegt, eine bittere Opposition hervorzurufen, dennoch ertragen sie es mutig mit ihrem philosophischen Geist. Auch wird ihr Heim und Familienleben häufig durch Unruhe gestört. Sie fühlen sich durch die Einsamkeit bestraft und missverstanden.

Freunde

Die besten Freundschaften entwickeln sich meist mit Personen, die erstens in ihrer eigenen Periode geboren sind, nämlich vom 21. Dezember bis zum Ende des Januars, vom 20. April bis zum Ende des Monats Mai und die ihrer Hauptverwandtschaft entspricht, nämlich vom 21. Juni bis zum 20. Juli und vom 21. August bis zum 27. September.[5]

---

[5] siehe Kapitel: „Lebensdreiecke und deren Geistesverwandtschaft"

Gesundheit

Gewöhnlich leiden diese Leute an Verdauungsstörungen, Rheumatismus und Schmerzen in den Füßen.

Farben

Die Farben, die mit ihren Schwingungen am besten zu den in diesem Zeitraum geborenen Personen passen, sind alle Grautönungen, alle Schattierungen von Violett und Schwarz.[6]

Steine

Die günstigen Steine für die in dieser Periode geborenen Personen sind der Mondstein, Perlen und der Amethyst.

Berühmte Personen, die in diesem Jahresteil geboren sind

Josef Stalin	21. Dezember
Marlene Dietrich	27. Dezember
W.E Gladstone	29. Dezember
Rudyard Kipling	30. Dezember
Sir Lawrence Alma Tadema	08. Januar
Admiral, Earl Beatty	16. Januar
Benjamin Franklin	17. Januar
David Lloyd George	17. Januar
Lord Byron	22. Januar
Francis Bacon	22. Januar

---

[6] Für eine genauere Farbanalyse sollten sie die Farben betrachten, die zu den jeweiligen günstigen Geburtstagen erläutert werden. Kapitel: „Günstige Farben und wie man sie erkennt."

Eigenschaften von Menschen, die im Februar geboren sind

Das Tierkreiszeichen des Wassermanns fängt am 21. Januar an, aber für die ersten sieben Tage wirken noch die Schwingungen des vorhergehenden Zeichens (Steinbock) in abgeschwächter Form bis zum 28. Januar. In seiner vollen Kraft wirkt dieses Zeichen bis zum 19. Februar und verliert diese dann allmählich in den folgenden sieben Tagen. Gleichzeitig entwickelt sich am 20. Februar die Schwingung des ankommenden neuen Zeichens - Fische.

Die, die innerhalb des Umkehrpunkts geboren sind, nehmen die Charakteristika beider Zeichen auf. Diese Naturen sind sehr einsam in ihrem Leben; sie sind überempfindlich und in ihren Gefühlen leicht verletzt.

Sie haben die Fähigkeit, instinktiv den Charakter anderer Menschen zu erkennen, und aus diesem Grund sind diese Menschen selten glücklich, da sie den Menschen in die Seele blicken können.

In der Zuneigung sind sie nicht sehr ausdrucksvoll, dennoch fühlen sie sehr tief. Wenn sie es möchten, dann kämpfen sie für die Belange eines Freundes bis zum bitteren Ende; aber wenn es ihnen missfällt, dann sind sie ebenso intensiv, und wenn sie zu der unteren Ebene der Gesellschaft gehören, dann werden sie vor nichts zurückschrecken, um eine Verletzung oder eine Ungerechtigkeit zu rächen.

Gewöhnlich sind sie nervös und ihre Nerven überspannt; oft verlieren sie die Kontrolle über sich und dann sagen oder tun sie Dinge, die sie später bitter bereuen.

Im Allgemeinen sind sie für das Allgemeinwohl sehr aktiv und werden alles daran setzen, das Elend von anderen zu mildern.

Sie besitzen einen hervorragend logisch-denkenden Geist und sind sehr erfolgreich in Debatte und Argument. Wenn sie von irgendetwas überzeugt sind, dann lassen sie sich nur in Ausnahmefällen vom Gegenteil beeindrucken. In wissenschaftlichen Fragen ist ihr Geist sehr beweglich.

In Geschäfts- und Finanzdingen verstehen sie sich ausgezeichnet, aber wenn Sie ihren Geist mit diesen Dingen beschäftigen, dann sind sie für andere weit erfolgreicher als für sich selbst.

Wenn die in diesem Tierkreiszeichen geborenen Personen ihr Feingefühl überwinden und ihre Willenskraft entwickeln würden, dann gibt es keine Position im Leben, die sie nicht erreichen könnten. Den größten Erfolg entwickeln sie gewöhnlich in dem Bereich, wo sie die Verantwortung für andere übernehmen. Jene, die in diesem Zeichen „erwachen", werden mit einem großen Namen gesegnet. Sie haben „Visionen", eine große Vorstellungskraft und viel Phantasie.

Sie haben ein großes Interesse an öffentlichen Versammlungen und Zeremonien. Sie lieben Theater und Konzerte und mögen dort sein, wo sich viele Leute versammeln, und dennoch haben sie immer das Gefühl, dass sie im Leben allein sind.

Sie sind sehr widerspruchsvoll in den Eigenschaften, die sie unter den gegebenen Umständen zeigen; obwohl sie sehr nervös und leicht überreizt sind, haben sie die allergrößte Macht über erregbare und reizbare Menschen. Im Lauf ihres Lebens haben sie meist viel Kontakt mit dieser Klasse von Menschen.

Ihre Augen strömen eine ruhige und kontrollierende Kraft aus, die andere besänftigen kann.

Ihr größter Fehler ist, dass sie sich in plötzlich auftretenden Gegebenheiten zu sehr beanspruchen.

Wenn ihnen das Geld in die Wiege gelegt worden ist, dann zeigen sie kaum, was in ihnen steckt. Unter normalen Umständen verfallen sie mitunter der Kaufsucht und merken es erst, wenn es zu spät ist.

Falls die in dieser Periode geborenen Personen dem unteren Niveau der Menschheit angehören, dann verlieren sie den ganzen Sinn der Ehre und Prinzipien, sind äußerst unzuverlässig, trickreich in Gelddingen, unehrlich und skrupellos in der Befriedigung ihrer Wünsche.

Freunde

Die besten Freundschaften entwickeln sich meist mit Personen, die vom 21. Mai bis zum 27. Juni, vom 21. September bis zum 27. Oktober und in der Regel bis zum 20. November oder mit jenen, die im Zentrum ihres eigenen Lebensdreiecks geboren sind.[7]

Gesundheit

Diese Menschen neigen oft an Magenbeschwerden, die häufig durch die Magennerven ausgelöst werden. Es ist sehr schwer, diesem Leiden mit herkömmlicher Medizin beizukommen.

---

[7] siehe Kapitel: „Lebensdreiecke und deren Geistesverwandtschaft"

29

Eine schlechte Blutzirkulation beeinträchtigt sie häufig, und die Augen unterliegen einer leichten Schwäche.

Farben

Die günstigsten Farben für sie sind die verschiedensten Neonschattierungen wie Neonblau und Stahlgrau. Dies sind die Hauptfarben für diesen Zeitraum.[8]

Steine

Die günstigen Steine für die in dieser Periode geborenen Personen sind der Saphir, der rosafarbene Topaz und der Mondstein.

Berühmte Personen, die in diesem Jahresteil geboren sind

General Gordon	28. Januar
Franklin D. Roosevelt	30. Januar
Charles Lindbergh	04. Februar
Charles Dickens	07. Februar
Edison	11. Februar
Abraham Lincoln	12. Februar
Darwin	12. Februar
Copernicus	19. Februar
George Washington	22. Februar
Händel	23. Februar

---

[8] Für eine genauere Farbanalyse sollten sie die Farben betrachten, die zu den jeweiligen günstigen Geburtstagen erläutert werden. Kapitel: „Günstige Farben und wie man sie erkennt."

Eigenschaften von Menschen, die im März geboren sind

Das Tierkreiszeichen der Fische fängt am 20. Februar an, aber für die ersten sieben Tage wirken noch die Schwingungen des vorhergehenden Zeichens (Wassermann) in abgeschwächter Form bis zum 27. Februar. In seiner vollen Kraft wirkt dieses Zeichen bis zum 20. März und verliert diese dann allmählich in den folgenden sieben Tagen. Gleichzeitig entwickelt sich am 21. März die Schwingung des ankommenden neuen Zeichens – Widder.

Diese Leute besitzen ein seltsam natürliches Verständnis der Dinge, die sie nicht aus Büchern oder irgendeinem Studium erhalten haben. Sie erwerben leicht Wissen, besonders von der Geschichte der Länder, aus Reisen, der Forschung und anderen Themen.

Obwohl sie von Natur aus großzügig sind, neigen sie zu einer Überängstlichkeit in Bezug zu ihren Geldangelegenheiten und sorgen sich jederzeit darum, wie ihre zukünftige Stellung im Leben aussehen würde. Diese Denkrichtung ist größtenteils auf ihre Abneigung und Furcht vor der Abhängigkeit von anderen zurückzuführen als von der Liebe zum Geld. Diese Eigenschaft wird oft missverstanden und sie werden in Geldangelegenheiten als geizig eingestuft, obwohl es aber in Wirklichkeit nicht stimmt.

Leute, die in diesem Zeitraum geboren sind, halten sich nicht immer an ihre Versprechen, wenn es um Fragen des Geldes geht. In der Spontaneität versprechen sie oft etwas, aber wenn sie Zeit zum Nachdenken haben, dann zwingt ihre Furcht vor der Armut sie, ihr Versprechen zu brechen und als Folge geben sie dann nur einen Bruchteil von dem, was sie wirklich zugesichert hatten.

Diese Leute sind auch in geistiger Hinsicht ehrgeiziger als andere. Sie können ihr Thema gut in ihrem eigenen Geist erkennen, aber oft werden sie zögern und ihre eigene Individualität unterschätzen, besonders dann, wenn ihre Arbeit einer öffentlichen Prüfung standhalten muss.

Sie werden dazu bewegt, zu grübeln und melancholisch zu werden oder sie stellen sich vor, dass die ganze Welt gegen sie ist und sie aus ihm einen Märtyrer gemacht haben. Sie sind sehr loyal und treu, wenn man ihnen vertraut und haben eine große Ausdauer in der Durchführung großer Werke gleich welcher Art. Meist sitzen sie in Positionen des Vertrauens und der Verantwortung für andere. Viele Künstler, Musiker und Literaten sind in dieser Periode geboren, aber sie müssen oft erst ermuntert werden, um das Beste aus sich zu machen.

Sie sind sehr treu zu ihren Freunden oder zu einer Sache, die sie aufnehmen. Voraussetzung ist aber, dass ihnen vertraut wird. In Stellungen, in denen Verantwortung vonnöten ist, sind sie im Allgemeinen erfolgreich, aber sie neigen nicht dazu, sich in den Vordergrund zu stellen, sondern sie warten gewöhnlich ab, bis sie gefragt werden, bevor sie ihre Meinung zum Besten geben.

Sie setzen sich für Recht und Ordnung ein und erhalten die Konventionen aufrecht, in welcher Gesellschaftsordnung auch immer sie sich befinden.

Unter diesem Zeichen werden entweder die stärksten oder schwächsten Charaktere gefunden. Einige neigen zu Luxus und wollen ihre Genusssucht befriedigen, und wenn diese Seite ihrer Natur sie kontrolliert, dann werden sie wahrscheinlich zu unbekümmert sein, um für ihre Umgebung empfänglich zu sein. Dadurch werden sie oft von falschen Freunden ausgenutzt und für ihre betrügerischen Machenschaften eingesetzt. Oft verfallen diese dann den Drogen oder beginnen Alkohol zu trinken.

Wenn diese in diesem Zeitraum geborenen Leute aber einen Sinn in ihrem Leben gefunden haben, dann sind sie im Notfall die fähigsten Menschen, die niemand übertreffen kann. Dies sind die Leute, die man hier und da im Leben trifft und die ihre Freunde durch ihre plötzliche Charakteränderung überraschen. Alle Personen, die in diesem Teil des Jahres geboren sind, besitzen diese doppelte Grundeinheit, die wie eine Triebfeder in ihrer Natur wirkt. Es kommt nur darauf an, welchen der beiden Wege sie folgen wollen, wenn sie sich entschieden haben.

In diesem Zeichen geborene Personen sind sehr emotional. Wenn sie der schwachen Seite angehören, dann werden sie leicht von den Leuten beeinflusst, mit denen sie in Kontakt treten, aber wenn sie mit der starken Seite verbunden sind, dann kann ihre emotionale Natur sie bis zu jeder Höhe heben.

Gewöhnlich lieben sie das Meer und die großen Flächen des Wassers. Wenn es ihnen die Verhältnisse nicht erlauben zu reisen, dann werden sie ihre Wohnstätten dort errichten, wo sie das Meer, einen See oder einen Fluss sehen können. Im Geschäftsleben sind sie erfolgreich im Handel in Verbindung mit anderen Ländern. Kapitäne auf dem Meer, Matrosen jeder Richtung und Reisende sind oft unter diesem Zeichen geboren.

Beinahe alles an ihrer Natur hat eine seltsam mystische Seite, auch das Praktische. Häufig sind sie abergläubig. Das Okkulte in all ihren Facetten zieht sie häufig in ihren Bann. Ihre große

Leidenschaft ist das Unbekannte, Philosophische oder Rätselhafte, das sie mit großer Geduld versuchen zu verstehen.

Obwohl sie großzügig sind, erlauben sie ihren freigeberischen Instinkten nicht, dass andere etwas Besseres bekommen, außer wenn sie unter dem Einfluss von jemandem sind, den sie lieben. In solch einem Fall werden sie leicht beeinflusst und sollten nicht alles weggeben, was sie besitzen.

Wenn diese Menschen ihr Feingefühl bewältigen und ihre Willenskraft entwickeln, dann gibt es keine Position im Leben, die sie nicht erreichen könnten.

Freunde

Sie finden ihre besten Freundschaften mit Personen, die in ihrem eigenen Zeitraum oder zwischen dem 21. Juni und dem 27. Juli geboren sind. Weiterhin sind günstige Freundschaften zu erwarten mit Personen, die eine zentrale Geistesverwandtschaft mit ihnen eingehen. Diese Menschen sind zwischen dem 21. August und dem 27. September und auch zwischen dem 21. Oktober und dem 27. November geboren.[9]

Gesundheit

Gesundheitlich leiden die in diesem Zeitraum geborenen Personen meist an Schlaflosigkeit, Niedergeschlagenheit, schlechter Blutzirkulation, Anämie und an den Nerven. Oft haben sie Probleme mit ihrem Darm. Sie sollten sich so oft wie möglich an hellen und sonnigen Orten aufhalten, mit trockenem Klima und mit viel frischer Luft. Am Idealsten wäre eine Nähe zum

---

[9] siehe Kapitel: „Lebensdreiecke und deren Geistesverwandtschaft"

Meer. Sie mögen Reisen, sind ruhelos und lieben es, ständig in Bewegung zu sein.

Farben

Die günstigsten Farben für sie sind alle Schattierungen von Lila, Violett und Purpur. Dies sind die Hauptfarben für diesen Zeitraum.[10]

Steine

Die günstigen Steine für die in dieser Periode geborenen Personen sind der Achat, der Saphir, der Amethyst und der Smaragd.

Berühmte Personen, die in diesem Jahresteil geboren sind

Joseph Jefferson	20. Februar
Kardinal Newman	21. Februar
James Russell Lowell	22. Februar
Chopin	22. Februar
W. Dean Howells	01. März
George Pullman	03. März
Harold Wilson	11. März
Albert Einstein	14. März
David Livingstone	19. März
Ibsen	20. März

---

[10] Für eine genauere Farbanalyse sollten sie die Farben betrachten, die zu den jeweiligen günstigen Geburtstagen erläutert werden. Kapitel: „Günstige Farben und wie man sie erkennt."

Eigenschaften von Menschen, die im März geboren sind

Eigenschaften von Menschen, die im April geboren sind

D as Tierkreiszeichen des Widders fängt am 21. März an, aber für die ersten sieben Tage wirken noch die Schwingungen des vorhergehenden Zeichens (Fische) in abgeschwächter Form bis zum 27. März. In seiner vollen Kraft wirkt dieses Zeichen bis zum 19. April und verliert diese dann allmählich in den folgenden sieben Tagen. Gleichzeitig entwickelt sich am 20. April die Schwingung des ankommenden neuen Zeichens - Stier.

Personen, die in diesem Zeitabschnitt des Jahres geboren sind, haben eine ungewöhnlich starke Willenskraft und einen großen Eigensinn, um ihr Ziel zu verfolgen.

Sie werden in jeder Hinsicht als die grandiosesten Kämpfer der Welt geboren; sie haben auch enorme Fähigkeiten als Organisatoren in großem Maßstab, wie in der Führung von großen Systemen oder als Leiter eines wichtigen Unternehmens und auch in der Organisation der Armee oder der Entwicklungshilfe.

Naturgemäß scheinen sie alle Kritik übel zu nehmen, und der einzige Weg, einen Ausgleich zu schaffen besteht darin, dass sie ihre Thesen mit ruhiger Logik, Vernunft und Beweismittel darlegen.

Diese Leute sind sehr unabhängig in ihrer Arbeit. Sie müssen alles auf ihre eigene Art und Weise tun, und wenn sie durch andere gestört werden, dann entstehen aus ihren sorgsam durchdachten Plänen im Allgemeinen ein heilloses Durcheinander oder sie treten einfach zurück und lassen der anderen Person den Vorzug.

In der Regel sind sie im Innern unglücklich, da sie selten Angehörige des entgegengesetzten Geschlechts treffen, die sie verstehen, und wenn das Gegenstück sie nicht von ihrem Argument abbringt, dann tun es üblicherweise ihre Kinder.

Dennoch sehnen sich diese Menschen, egal ob sie Männer oder Frauen sind, nach Liebe und Zuneigung. Dies ist gewöhnlich der Felsen, durch den sie am Ende zerstört werden, falls sie nicht das Glück haben, ihre richtige Wesensverwandtschaft zu finden.

Soweit der materielle Erfolg betroffen ist, gibt es keine Höhen, die nicht erklimmt werden können – vorausgesetzt, sie "behalten ihre Köpfe". Manchmal kann sich aber der Erfolg negativ auswirken. Lob und Schmeicheleien lassen die Überheblichkeit in ihnen zum Vorschein kommen.

Sie neigen an einem Mangel an Behutsamkeit und lassen oft die Vorsichtsmaßregeln außer Kraft, da sie von Natur aus impulsiv und schnell in den Gedanken und der Tat sind.

Sie gehen in fast allen Dingen zum Extremen über, sind aufrichtig und freimütig und neigen dazu, sich Feinde durch ihr Anstandsgefühl zu machen. Sie sind enorm ehrgeizig; in der Regel haben sie in ihrem Leben Erfolg, häufen Geld an und versuchen, immer höhere Positionen zu erklimmen.

Der niedere Typ wird vor nichts zurückschrecken, um sein Ziel zu erreichen. Der höhere Typ ist ein guter Vorgesetzter, aber zur gleichen Zeit streng in der Disziplin und mehr oder weniger anspruchsvoll in Bezug zu dem Service, den sie von anderen erwarten.

Beide Klassen haben ein charakteristisches Verlangen, in die Zukunft zu spähen, vielleicht, weil sie zu ungeduldig sind, wie sich die Dinge entwickeln. Sie neigen dazu, die Zukunft vorherzusagen und häufig sind sie in dieser Disziplin sehr begabt.

In der Regel leiden die in diesem Zeitabschnitt geborenen Männer sehr an ihren Beziehungen; sehr selten verstehen sie die Frauen und machen stets große Fehler im Umgang mit ihnen.

Für beide Geschlechter besteht ihr größtes Glück aus der Arbeit und der Bewältigung von Hindernissen.

Personen, die in diesem Zeichen geboren sind, werden selten durch das Leben gehen, ohne sich zu verletzen, sei es durch Unfälle oder äußere Gewalt.

Freunde

Sie finden ihre besten Freundschaften mit Personen, die in ihrem eigenen Zeitraum oder zwischen dem 21. Juli und dem 27. August und zwischen dem 21. November und dem 27. Dezember geboren sind; und auch mit Personen, die im Zentrum ihres Dreiecks geboren sind, wie vom 21 September bis zum 27. Oktober.[11]

Gesundheit

Menschen, die in dieser Periode geboren sind, sollten versuchen, soviel Schlaf wie möglich zu erhalten. Sie überanstrengen ihre Gehirne, und werden dazu bewegt, an allen Dingen zu leiden, die den Kopf betreffen, wie Kopfschmerzen oder Schwierigkeiten mit den Augen. Es ist auch wahrscheinlich,

---

[11] siehe Kapitel: „Lebensdreiecke und deren Geistesverwandtschaft"

dass sie unter einem Ausschlag auf dem Gesicht leiden. Oft fügen sie sich Schürf- oder Schnittverletzungen zu, die meist durch waghalsige Abenteuer entstehen. Selten gehen sie ohne einen guten Chirurgen durchs Leben.

Farben

Die günstigsten Farben für sie sind alle Schattierungen von Rot, Karmesinrot und Rosa - aber wenn sie krank sind, dann sind alle Schattierungen von Blau und Veilchenblau vorteilhaft für sie und beruhigen das Gemüt.[12]

Steine

Die günstigen Steine für die in dieser Periode geborenen Personen sind der Rubin, der Granat und der Blutstein.

Berühmte Personen, die in diesem Jahresteil geboren sind

Robert Bunsen	31. März
Bismarck	01. April
Lord Lister	05. April
David Frost	07. April
Sir John Franklin	16. April
Adolf Hitler	20. April
Yehudi Menuhin	22. April
James Anthony Froude	23. April
Shakespeare	23. April
Oliver Cromwell	24. April

---

[12] Für eine genauere Farbanalyse sollten sie die Farben betrachten, die zu den jeweiligen günstigen Geburtstagen erläutert werden. Kapitel: „Günstige Farben und wie man sie erkennt."

Eigenschaften von Menschen, die im Mai geboren sind

Das Tierkreiszeichen des Stiers fängt am 20. April an, aber für die ersten sieben Tage wirken noch die Schwingungen des vorhergehenden Zeichens (Widder) in abgeschwächter Form bis zum 27. April. In seiner vollen Kraft wirkt dieses Zeichen bis zum 20. Mai und verliert diese dann allmählich in den folgenden sieben Tagen. Gleichzeitig entwickelt sich am 21. Mai die Schwingung des ankommenden neuen Zeichens - Zwillinge.

Leute, die in diesem Abschnitt des Jahres geboren sind, verfügen über die eigenartige Macht, andere dominieren zu wollen, auch wenn es ihnen nicht bewusst ist. In ihren Entschlüssen sind sie sehr unnachgiebig und werden von anderen oft als halsstarrig und dickköpfig angesehen. Wenn sie aber lieben, dann geben sie am meisten nach und sind biegsam, aber nur zu jenen, zu denen sie sich hingezogen fühlen.

Sie haben eine große Ausdauer, sowohl körperlich als auch geistig und sie können enorme Anstrengungen bis zur Erschöpfung ertragen oder solange, wie die Erregung oder der Plan andauert.

Sie haben die große Fähigkeit, viel Wissen aus Büchern aufzunehmen und häufig sind sie sehr erfolgreich in der literarischen Arbeit. Jedoch lieben sie in der Regel viel mehr das Vergnügen und die Gesellschaft, um den besten Verwendungszweck für ihre Begabung zu nutzen. Sie sind wunderbare Gastgeber und Gastgeberinnen und haben einen guten Geschmack in Bezug zur Nahrung und in ihrer Haushaltsführung können sie aus wenig viel herstellen.

Sie sind die idealsten Direktoren und verfügen über eine gute Geschäftsintuition, aber gewöhnlich werden sie als viel wohlhabender betrachtet, als sie wirklich sind. Bestimmt deswegen, weil sie sich immer gut kleiden und hervorragend ausschauen.

Sie werden von ihren Gefühlen beherrscht, aber die Zuneigung hat einen bedeutenderen Einfluss über sie als die Leidenschaft. Wenn sie lieben, dann sind sie bis zum letzten Atemzug großzügig und für die Person, um die sie sich kümmern, wird kein Opfer zu groß sein; wenn sie aber Feinde haben, dann werden sie sie mit der größten Sturheit bekämpfen. Aber sie bevorzugen immer den offenen Kampf, da sie die Schäbigkeit, Doppelzüngigkeit oder Täuschung hassen.

Sie werden leicht von ihrer Umgebung beeinflusst und werden dann trübsinnig und mürrisch, wenn sie unter unerfreulichen Bedingungen leben müssen.

Frauen wie Männer, die in dieser Periode geboren sind, sollten früh heiraten; ihre erste Ehe ist gewöhnlich ein Fehlgriff.

Alle wichtigen Fragen sollten sie immer alleine entscheiden, da sie durcheinander gebracht werden, wenn sie mit den Meinungen von anderen konfrontiert werden. Sie können auch leicht von ihren Emotionen, Gefühlen oder Zuneigungen fehlgeführt werden.

In der Regel sind beide Geschlechter in ihrer Disposition eifersüchtig und ihr Misstrauen treibt sie oft zu Gewalttaten oder zum plötzlichen Gemütsumschwung, was jedoch bitter bedauert wird, wenn der Sturm vorüber ist.

Sie vergeben bei der geringsten Gefühlsschau, und diese Seite ihrer Natur lässt sie alle Dinge machen, die die Welt als dumm bezeichnet. Als Führer irgendeines Anlasses begeistern sie mit Liebe und Hingabe und lassen sich häufig eine große Verantwortung aufzwingen.

Sie haben einen angeborenen Sinn für Harmonie, Rhythmus und Farbe und sind oft mit der Musik, der Dichtung und der Kunst erfolgreich.

Jene, die in diesem Zeichen geboren sind, können die treuesten und ergebensten Freunde werden; sie sind auch ausgezeichnete Staatsbeamte, Leiter in Regierungspositionen oder in der Armee. Sie können auch gute und geduldige Krankenschwestern und Heiler werden, und fast jeder besitzt eine eifrige Liebe zur Gärtnerei und zu Blumen.

Freunde

Sie finden ihre besten Freundschaften mit Personen, die zwischen dem 21. August und dem 27. September und zwischen dem 21. Dezember und dem 27. Januar geboren sind; und auch mit Personen, die im Zentrum ihres eigenen Dreiecks geboren sind. [13]

Gesundheit

Obwohl sie gewöhnlich gesundheitlich mit einer guten Konstitution ausgestattet sind, leiden sie mitunter an allen Beschwerden, die mit dem Hals, den Nasenhöhlen und den Bronchien zu tun haben. Sie neigen zu Entzündungen des Halses, Halsschmerzen, Diphtherie, Polypen in der Nase und Nasenkatarr.

In der Regel wird das Herz mehr oder weniger beeinflusst. Manchmal haben sie Ohnmachtsanfälle, für die es keinen

---

[13] siehe Kapitel: „Lebensdreiecke und deren Geistesverwandtschaft"

Grund gibt, und oft neigen sie zu einem Blutandrang zum Kopf hin oder zur Apoplexie (Schlaganfall).

Farben

Die günstigsten Farben für sie sind alle Schattierungen von Blau. Rot ist eine erregende Farbe für sie, und sie sollten sie so wenig wie möglich benutzen.[14]

Steine

Die günstigen Steine für die in dieser Periode geborenen Personen sind der Smaragd, der Türkis und der Lapislazuli.

Berühmte Personen, die in diesem Jahresteil geboren sind

Der Herzog von Wellington	01. Mai
Thomas Huxley	04. Mai
Lord Rosebery	07. Mai
Robert Browning	07. Mai
Harry S. Truman	08. Mai
Sir James Barrie	09. Mai
Sir Arthur Sullivan	12. Mai
Sir Laurence Olivier	22. Mai
Königin Victoria	24. Mai
Der Herzog von Marlborough	24. Mai

---

[14] Für eine genauere Farbanalyse sollten sie die Farben betrachten, die zu den jeweiligen günstigen Geburtstagen erläutert werden. Kapitel: „Günstige Farben und wie man sie erkennt."

Eigenschaften von Menschen, die im Juni geboren sind

D as Tierkreiszeichen der Zwillinge fängt am 21. Mai an, aber für die ersten sieben Tage wirken noch die Schwingungen des vorhergehenden Zeichens (Stier) in abgeschwächter Form bis zum 28. Mai. In seiner vollen Kraft wirkt dieses Zeichen bis zum 20. Juni und verliert diese dann allmählich in den folgenden sieben Tagen. Gleichzeitig entwickelt sich am 21. Juni die Schwingung des ankommenden neuen Zeichens - Krebs.

Menschen, die in dieser Periode des Jahres geboren sind, nämlich vom 21. Mai bis zum 27. Juni, besitzen die Eigenschaften von Zwillingen und sind im Charakter und in der Denkungsart dual.

Die Zwillingsseite in ihrer Natur entwickelt sich immer wieder in gegensätzliche Richtungen. Ihre Gehirne sind fein und brillant, aber ihnen fehlt gewöhnlich die Beharrlichkeit im Ausführen ihrer Ziele.

Von allen Tierkreiszeichen aus gesehen sind sie am schwierigsten zu verstehen; im gleichen Moment können sie heiß und kalt im Temperament sein. Mit der einen Seite ihrer Natur lieben sie, während die andere Seite kritisch ist oder eine Abneigung entwickelt.

Sie verfügen über einen schnellen und aufgeweckten Geist und in allen Dingen, wo eine feine Denkungsart benötigt wird, können sie alle Rivalen überflügeln. Sie sind ausgezeichnet in der Diplomatie und mit ihrem Verstand und Scharfsinn blenden sie ihre Hörer, die aber üblicherweise nicht weiser sind, wenn sie sie verlassen.

Sehr selten wissen sie, was sie erreichen wollen. Im Grunde genommen sind sie aber bestrebt nach einer gesellschaftlichen Stellung; aber wenn sie diese erlangen, dann sind sie ihrer schon überdrüssig geworden und beginnen sich für etwas völlig anderes zu interessieren.

Wenn man ihre Launen akzeptiert und sie so nimmt, wie sie sind, dann sind sie als sehr entzückende Menschen vorstellbar, aber man darf nicht erwarten, dass sie sich ständig an ihre Ideen oder Pläne halten.

Sie glauben, dass sie ehrlich, beständig und treu sind und so sind sie auch im Augenblick, aber jeder Moment hat für sie eine eigene Existenz.

Sie müssen immer etwas zu tun haben, aber sie sind ruhelos und gewöhnlich wollen sie meist die Dinge bekommen, die sie nicht erhalten haben.

Sehr schnell können sie die Schwachstellen ihres Gegenübers erkennen und sie vermögen sie durch ihren Witz, Sarkasmus und Nachahmung zur Bedeutungslosigkeit reduzieren.

Sie ergeben kluge Schauspieler, Rechtsanwälte, Dozenten und eine bestimmte Art von öffentlichen Sprechern, all jene, die verschiedene Rollen im Lebensdrama spielen; aber wenn sie mit einer ungewöhnlich starken Willenskraft ausgestattet sind und wenn sie sich zwingen können, an einer Sache dran zu bleiben, dann können sie bewundernswerte Erfolge in jedem Bereich des Lebens erzielen.

Häufig sind sie in den Dingen erfolgreich, die mit dem Geld zu tun haben, wie an der Börse, als Finanzierungsvermittler oder als Erfinder von neuartigen Ideen, die mit dem Reichtum im Geschäftsleben zusammenhängen, aber die idealste Beschäftigung ist im Allgemeinen diejenige, die Diplomatie, Taktgefühl und Finesse erfordert.

In allen Angelegenheiten, die die Liebe betreffen, sind sie menschliche Rätsel. Sie können leidenschaftlich lieben und dennoch sind sie im gleichen Moment unbeständig. Dank ihres diplomatischen Talents und ihres Taktgefühls gelingt es ihnen fast immer, dass ihr Leben nicht zu einem Wirrwarr ihrer Umstände wird.

Sie sind großzügiger zu einzelnen Personen als zu Institutionen, da sie im gegenwärtigen Impuls der Lage handeln, wenn sie etwas geben.

Im Allgemeinen haben diese Menschen einen ziemlich langen, und schmalen Kopf; gute, feine und scharfblickende Augen. Ihre Hände sind gewöhnlich lang, dünn oder knöchern; aber auch ruhelos oder sie müssen immer etwas zu tun haben. Naturgemäß werden sie dazu bewegt, immer zu viele „Eisen im Feuer" zu haben.

Der höhere Typ ist klug, fähig, geistreich und scharfsinnig, mit einem sonderbaren eigenen Sinn für Humor. In der Regel sind sie sehr intellektuell mit einer scharfen Mentalität. Sorge, Ärger oder übermäßige geistige Anstrengung lässt sie oftmals krank werden. Mit viel Schlaf und Erholungspausen lässt sich diesem Übel entgegenwirken.

Der niedere Typ ist häufig skrupellos in der Finanzwissenschaft und nimmt es mit der Wahrheit nicht ganz so ernst. Oft sind sie erfolgreiche Spieler und Finanzierungsvermittler, die das „schnelle Geldverdienen planen".

Beide Typen sind großartige Gastgeber für ihre Freunde. Sie sind gutherzig und großzügig zu den Personen, die ihre Gedanken im Moment füllen, aber das Sprichwort „Aus den Augen, aus dem Sinn" erklärt ihre „Vergesslichkeit" auf hervorragende Weise.

Sie sind höchst reizbar und ruhelos. Wenn sie reich sind und reisen können, sind sie immer in Bewegung. Sie lieben die Geschwindigkeit und eine schnelle Bewegung. Sie sind gute Schirmherren für D-Züge, Flugzeuge und Erfindungen, die größere Distanzen überbrücken.

Häufig erleben sie große "Höhen und Tiefen" in ihrem Leben, aber im Grunde genommen macht nichts einen großen Eindruck auf sie.

Freunde

Beide Typen finden ihre besten Freundschaften mit Personen, die in ihrer eigenen Periode, zwischen dem 21. September und dem 27. Oktober, zwischen dem 21. Januar und dem 27. Februar oder mit Personen, die im Zentrum ihres eigenen Dreiecks geboren sind, nämlich zwischen dem 21. November und dem 27. Dezember.[15]

Gesundheit

Sie neigen mehr am Nervensystem zu leiden als jeder andere; sowohl Männer wie Frauen haben empfindliche Verdauungsorgane, besonders der obere Magenteil ist sehr anfällig.

---

[15] siehe Kapitel: „Lebensdreiecke und deren Geistesverwandtschaft"

In ihrer Jugend neigen sie auch zur Katalepsie (Starrkrampf) und Befall der Zunge, aber gewöhnlich verschwinden diese Beschwerden, nachdem sie die Reife erreicht haben.

Sie neigen eher zu Schwierigkeiten mit den Bronchien und dem oberen Teil der Lungen und neigen zu Lungenentzündung, Brustfellentzündung oder Krankheiten, die durch ein überstrapaziertes Nervensystem hervorgerufen werden.

Farben

Die günstigsten Farben für sie sind Silber, gleißendes Weiß und alle schimmernden Farben.[16]

Steine

Die günstigen Steine für die in dieser Periode geborenen Personen sind der weiße und der rote Karneol, der Saphir, der Diamant und alle glitzernden Juwelen.

---

[16] Für eine genauere Farbanalyse sollten sie die Farben betrachten, die zu den jeweiligen günstigen Geburtstagen erläutert werden. Kapitel: „Günstige Farben und wie man sie erkennt."

Berühmte Personen, die in diesem Jahresteil geboren sind

Charles II.	29. Mai
Sir Edward Elgar	02. Juni
Richard Cobden	03. Juni
George V.	03. Juni
George III.	04. Juni
Sir Anthony Eden	12. Juni
Ralph Waldo Emerson	15. Juni
Sir Rider Haggard	22. Juni
Lord Louis Mountbatten	25. Juni

Eigenschaften von Menschen, die im Juli geboren sind

D as Tierkreiszeichen des Krebses fängt am 21. Juni an, aber für die ersten sieben Tage wirken noch die Schwingungen des vorhergehenden Zeichens (Zwillinge) in abgeschwächter Form bis zum 28. Juni. In seiner vollen Kraft wirkt dieses Zeichen bis zum 20. Juli und verliert diese dann allmählich in den folgenden sieben Tagen. Gleichzeitig entwickelt sich am 21. Juli die Schwingung des ankommenden neuen Zeichens - Löwe.

Das Zeichen Krebs oder der Krabbe wurde von den Menschen der Antike so benannt, weil die Sonne zu dieser Jahreszeit in den Himmel aufsteigt und sich dann wieder zurückzieht, ähnlich den Aktionen einer Krabbe.

Personen, die in diesem Zeitabschnitt des Jahres geboren sind, haben viele Interessen, die mit dem eigenen Heim in Verbindung stehen, gleichzeitig aber sind sie ruhelos und sehnen sich nach Abwechslung und Reisen. Immer lassen sie sich irgendwo nieder und halten sich dort aber nur selten auf. Üblicherweise haben sie dort mehr Schwierigkeiten als woanders, und meistens sind sie selber schuld daran.

In Finanzdingen sind sie gewöhnlich zu überängstlich und müssen große Anstrengungen übernehmen, um Geld zu bekommen; in der Regel müssen sie in ihrer Jugend viele Höhen und Tiefen bewältigen und es beansprucht ihre ganze körperliche Kraft, um vorwärts zu kommen, aber sobald sie auf eigenen Füßen stehen, werden sie auch stetig vorankommen.

Sie neigen zur Spekulation, um schnell etwas Geld zu verdienen. Gewöhnlich verlieren sie aber bei Glücksspielen, während das Geschäftsleben in der Regel erfolgreich ist.

Sie sind fleißig und arbeitsam in allem, was sie übernehmen, aber vom Standpunkt der Chance oder des Glücks sind sie selten erfolgreich, aber sie erleben oft die außergewöhnlichsten und unerwartesten Veränderungen (Positive oder Negative).

Sie verfügen über eine ausgezeichnete Vorstellungskraft und sind oft hervorragende Künstler, Schriftsteller, Komponisten oder Musiker. Im Innersten sind sie romantisch und haben einen sehr liebevollen und warmherzigen Charakter.

Sie mögen es nicht, von anderen diktiert zu werden, aber sie sind sehr treu und gewissenhaft, wenn man sie mit Vertrauen behandelt.

Sie haben jedoch eine sehr empfindliche Natur - vielleicht mehr als jedes andere Tierkreiszeichen - und wenn sie nicht verstanden werden, dann geben sie schnell auf oder verfallen in Melancholie. Auf jeden Fall benötigen sie viel Aufmunterung und Anerkennung.

Häufig sind sie ausgezeichnete Medien und haben ein großes Verlangen nach dem Mysteriösen.

Sie sollten niemals jung heiraten, da sich ihre Natur durch die verschiedenen Lebensstufen komplett zu ändern scheint.

Ähnlich dem Symbol „der Krabbe", den dieser Teil des Tierkreises repräsentiert, gibt es auch bei ihnen ein ständiges Auf und Ab, sowohl in ihrer Arbeit, als auch in ihren Ideen; sie mögen einen bestimmten Punkt in ihrem Plan oder Karriere erreichen und werden dann jeden überraschen, wenn sie plötzlich den Rückzug verkünden.

Personen, die in diesem Teil des Jahres geboren sind, erreichen oft sehr gehobene Positionen. In ihrem Privatleben jedoch gehen sie oft durch viele Schwierigkeiten und werden selten durch das große Glück belohnt, egal wie erfolgreich sie in den Augen der Welt erscheinen.

Obwohl sie einen sehr warmherzigen Charakter haben, sind sie selten ausdrucksvoll und werden ungerechterweise oft als kalt und gefühllos gehalten.

Im Allgemeinen haben sie prächtige Gedächtnisse und bewahren das Wissen jeder Arten in ihrem Geist.

Sie haben eine tiefe Liebe für ihre „eigenen Leute", für Familiengebräuche und der Tradition.

Freunde

Sie finden ihre besten Freundschaften mit Personen, die in ihrer eigenen Periode (21. Juni- 27. Juli) oder zwischen dem 21. Oktober und dem 27. November oder zwischen dem 19. Februar und dem 27. März oder mit Personen, die im Zentrum ihres eigenen Dreiecks geboren sind, nämlich zwischen dem 21. Dezember und dem 27. Januar.[17]

Gesundheit

Sie neigen hauptsächlich zu Krankheiten, die den Magen betreffen und sie sollten äußerst sorgfältig bei dem Verzehr von

---

[17] siehe Kapitel: „Lebensdreiecke und deren Geistesverwandtschaft"

Meeresfrüchten oder Schalentieren sein. Entzündliche Krankheiten wie Rheumatismus sind auch wahrscheinlich und manchmal werden auch ihre Beine oder Füße betroffen.

Farben

Die günstigsten Farben für sie sind alle Schattierungen von Grün, Cremefarben und Weiß.[18]

Steine

Die günstigen Steine für die in dieser Periode geborenen Personen sind der Diamant, der Opal, der Kristall, das Katzenauge, der Mondstein und Perlen.

Berühmte Personen, die in diesem Jahresteil geboren sind

James I. von England	28. Juni
Charles Laughton	01. Juli
Nathaniel Hawthorne	04. Juli
Gertrude Lawrence	04. Juli
Cecil Rhodes	06. Juli
John Calvin	10. Juli
John Quincy Adams	11. Juli
Sir Joshua Reynolds	16. Juli
Lord Balfour	25. Juli
George Bernard Shaw	26. Juli

---

[18] Für eine genauere Farbanalyse sollten sie die Farben betrachten, die zu den jeweiligen günstigen Geburtstagen erläutert werden. Kapitel: „Günstige Farben und wie man sie erkennt."

Eigenschaften von Menschen, die im August geboren sind

Das Tierkreiszeichen des Löwen fängt am 21. Juli an, aber für die ersten sieben Tage wirken noch die Schwingungen des vorhergehenden Zeichens (Krebs) in abgeschwächter Form bis zum 28. Juli. In seiner vollen Kraft wirkt dieses Zeichen bis zum 20. August und verliert diese dann allmählich in den folgenden sieben Tagen. Gleichzeitig entwickelt sich am 21. August die Schwingung des ankommenden neuen Zeichens - Jungfrau.

Personen, die in dieser Periode geboren sind, werden das zu bekommende Ziel immer durch die breite Masse der Menschheit bekommen und sie werden naturgemäß zu starken Persönlichkeiten angezogen. In der Tat werden sie jeden Fehler bei den Leuten verzeihen, die sie mögen, solange sie eine Individualität und ein Ziel haben.

Diese Personen repräsentieren das, was man als Herzenergie bezeichnen könnte. Sie fließen vor Mitleid über und sind gewöhnlich zu großzügig.

Sie werden einen Freund angesichts einer Million Feinde verteidigen und Untreue sowie Täuschung sind die einzigen Dinge, die ihre großen Herzen brechen können.

Sie sind außerordentlich ehrlich und ehrenwert, aber sie werden häufig schrecklich getäuscht und tendieren am Ende dazu, verbittert, streng, und überkritisch zu werden.

Sie haben gewöhnlich Glück in Geldangelegenheiten, oft bekommen sie das Geld aus unerwarteten Quellen; aber was sie sich vor allem wirklich wünschen, ist die Liebe, und diese Sache erhalten sie sehr selten.

Sie haben die Macht, andere zu inspirieren, und als Führer, ähnlich wie Napoleon, der in diesem Zeichen geboren ist, können sie ihre Männer durch das Feuer oder in den Tod führen. Sie sind sehr stolz und werden oft, durch diesen Punkt in ihrer Natur, verwundet.

Sie haben einen höchst unabhängigen Geist; sie verabscheuen die Kontrolle oder mögen es absolut nicht, von anderen diktiert zu werden. Sie haben eine große Ausdauer und eine starke Willenskraft, um ihr Ziel zu erreichen und wenn sie sich erstmal einen Plan, ein Ziel oder eine Position erdacht haben, dann werden sie es auch trotz aller Schwierigkeiten erreichen.

Solche Personen müssen allerdings immer etwas zu tun haben. Wenn sie durch die Umstände aus der Hitze und dem Stress des Lebens herausgerissen werden, dann werden sie oft krank und niedergeschlagen.

In der Regel sind sie äußerst geduldig und langatmig, aber wenn sie erst einmal geweckt worden sind, dann kennen sie keine Angst und auch nicht, wenn der Misserfolg sie überrascht oder sie besiegt werden.

Oft machen sie sich Feinde durch die Offenheit in ihren Reden und ihrer Abneigung gegenüber allem Hinterhältigen oder des Betrugs.

Bedeutende Soldaten, Führer in der Finanzwissenschaft und Menschen, die in der Öffentlichkeit agieren, werden oft in diesem Zeitraum geboren.

Gewöhnlich fühlen sich die Personen, die in dem Zeitraum geboren sind, isoliert und einsam in ihrem Leben, und wenn sie nicht aktiv in der Arbeit oder einem Ziel mitwirken können, dann werden sie melancholisch und niedergeschlagen.

Freunde

Sie finden ihre besten Freundschaften mit Personen, die in ihrer eigenen Periode oder zwischen dem 21. März und dem 27. April, zwischen dem 21. Januar und dem 28. Februar und zwischen dem 21. November und dem 27. Dezember geboren sind; und auch mit Personen, die am 1., 10., 19. oder 28. eines beliebigen Monats geboren sind, aus dem einfachen Grund, weil diese Zahlen im Einklang mit der Sonne sind und die 1 in diesem Zeitraum herrscht.[19]

Gesundheit

Diese Menschen neigen zu Schwierigkeiten mit dem Herz (u.a. Herzklopfen), haben Kopf- und Ohrenschmerzen, Augen- und Nierenentzündungen, Probleme mit der Blase, Verletzungen an den Füßen und leiden an einer seltsamen Steifheit ihrer Beine.

Farben

Die günstigsten Farben für sie sind alle Schattierungen von Gelb, Orange, Hellgrün und Weiß.[20]

---

[19] Siehe Tabelle der Monatszeiträume im Anhang 1
[20] Für eine genauere Farbanalyse sollten sie die Farben betrachten, die zu den jeweiligen günstigen Geburtstagen erläutert werden. Kapitel: „Günstige Farben und wie man sie erkennt."

Steine

Die günstigen Steine für die in dieser Periode geborenen Personen sind der Topas, der Bernstein und der Rubin.

Berühmte Personen, die in diesem Jahresteil geboren sind

Alexandre Dumas	28. Juli
König Haakon VII. von Norwegen	03. August
Sir Harry Lauder	04. August
Feldmarschall Sir William Slim	06. August
Präsident Hoover	10. August
George IV. von England	12. August
Napoleon I.	15. August
Louis XVI.	23. August
Prinz Albert, Gemahl von Königin Victoria	26. August
George Hegel	27. August

Eigenschaften von Menschen, die im September geboren sind

D as Tierkreiszeichen der Jungfrau fängt am 21. August an, aber für die ersten sieben Tage wirken noch die Schwingungen des vorhergehenden Zeichens (Löwen) in abgeschwächter Form bis zum 28. August. In seiner vollen Kraft wirkt dieses Zeichen bis zum 20. September und verliert diese dann allmählich in den folgenden sieben Tagen. Gleichzeitig entwickelt sich am 21. September die Schwingung des ankommenden neuen Zeichens - Waage.

Personen, die in diesem Zeitraum geboren sind, haben gewöhnlich im Leben Erfolg. Sie haben einen scharfen und guten Verstand, sind sehr kritisch in der Wahl ihrer Freunde und plagen sich mit Geschäftsangelegenheiten herum, auf die sie ein gutes Urteil gelegt haben, jedoch aber enttäuscht worden sind.

In ihren Weltbildern denken sie meist materialistisch und sie analysieren und beurteilen alles aus ihrer eigenen Denkweise heraus.

Sie sind die geborenen Literaturkritiker, erkennen schnell die Schwachstellen und gleichzeitig sind sie gute Leser, die mit einem hervorragenden Gedächtnis ausgestattet sind.

Sie lieben die höchste Harmonie in ihrer Umgebung, haben einen ausgezeichneten Geschmack in Bezug zu ihrer Wohnung und ihrer Kleiderwahl, und immer wollen sie die Dinge besitzen, die elegant und geschmackvoll sind.

Sie haben nicht das Interesse, einen Plan oder eine Arbeit auszuführen, an der ein anderer schon gescheitert ist oder nicht beendet worden ist. Meist ist ihr Plan schon in alle Einzelheiten durchdacht worden, das Ziel ist bereits in ihren Gedanken erreicht und deshalb haben sie meist immer Erfolg.

Sie sind sehr pingelig in Bezug auf ihre persönliche Erscheinung, haben einen großen Respekt vor Rang und Namen und sind bedeutende Anhänger von Recht und Gesetz.

Sie sind ausgezeichnete Rechtsanwälte und Debattierer, aber sie neigen eher dazu, die Präzedenzfälle zu unterstützen, als dass sie ein neues Gesetz erfinden.

Sie haben einen guten Geschäftserfolg, der aber mehr von ihrer stabilen und fleißigen Beharrlichkeit herrührt als durch neu entwickelte Ideen.

Sie werden dazu bewegt, in ihren eigenen Ideen eingepackt zu werden, und oft werden sie im Streben nach ihren nahen Zielen egoistisch.

Häufiger als ein anderer Charaktertyp neigen sie zu Fanatismus, sowohl in guter als auch in schlechter Hinsicht. Wenn sie eine Liebe fürs Geld entwickeln, dann werden sie nichts unversucht lassen, um es zu erwerben, und sie werden dann von anderen als Leute betrachtet, die sich geschickt auf Kosten anderer bereichern.

Sie können sich an fast jedem Lebensziel anpassen.

In der Liebe werden sie meist nicht verstanden, und dies ist die allerbeste und die allerschlechteste Eigenschaft der Personen, die in diesem Teil des Jahres geboren werden.

In ihren jungen Jahren sind annähernd alle, die im Zeichen der Jungfrau geboren sind, höchst tugendhaft und rein- gesonnen, eben wie erwartet - die Jungfrau.

Wenn sie sich ändern müssen, dann tun sie es mit aller Macht und werden dann das genaue Gegenteil bewirken, aber wegen ihrer angeborenen Achtung vor dem Gesetz und ihrer natürlichen Klugheit sind sie erfolgreicher, wenn sie ihre eigenen Fehler lieber verheimlichen. Häufig besteht die Tendenz, sich mit Rauschgiften oder Alkohol zu benebeln.

Gesundheit

In Bezug zur Gesundheit sind sie eins der wenigen Zeichen, die vor Gesundheit nur so strotzen, aber sie haben die seltsame Eigenschaft, sich die unmöglichsten Krankheiten einzubilden.

Ihr Geschmack ist sehr verfeinert, soweit die Nahrung davon betroffen ist, und man muss schon die Dinge mit Geschmack zubereiten und geschmackvoll servieren, ansonsten werden sie ihren Appetit verlieren.

Sie sind äußerst empfindlich in ihren Umgebungen; jede kleinste Disharmonie oder Ärger beeinflussen ihr Nervensystem und ihre Verdauungsorgane.

Sie haben eine Tendenz zu Brustbeschwerden und leiden unter Neuritis (Nervenentzündung) in der Schulter und den Armen.

So wie es scheint, dass sich dieses Tierkreiszeichen sich innig mit dem Sonnengeflecht verbindet, so benötigen diese Menschen, die in diesem Teil des Jahres geboren sind, viel Sonnenlicht und frische Luft; mehr als andere Personen, die in einem anderen Tierkreiszeichen geboren sind.

Sie sollten so viel Zeit wie möglich im Freien verbringen und wenn es ihnen schlecht geht oder sie krank werden, dann werden einige Wochen auf dem Land wahre Wunder wirken.

In der Regel behalten sie auf wunderbare Weise ihr ganzes Leben ihre Jugendlichkeit.

Wenn sie unter unharmonischen Ehe-Bedingungen leben, dann könnte ihre Gesundheit darunter leiden oder sie fühlen sich dann äußerst niedergeschlagen.

Sie sollten niemals Alkohol trinken, denn es wirkt bei ihnen wie ein Gift.

Freunde

Sie finden ihre besten Freundschaften mit Personen, die in ihrer eigenen Periode, zwischen dem 20. April und dem 27. Mai, und mit Personen, die im Zentrum ihres eigenen Dreiecks geboren sind, nämlich zwischen dem 19. Februar und dem 27. März und zwischen dem 21. Dezember und dem 27. Januar geboren sind.[21]

Farben

Die günstigsten Farben für sie sind alle sehr hellen Schattierungen und silbern schimmernde Materialien.[22]

---

[21] siehe Kapitel: „Lebensdreiecke und deren Geistesverwandtschaft"
[22] Für eine genauere Farbanalyse sollten sie die Farben betrachten, die zu den jeweiligen günstigen Geburtstagen erläutert werden. Kapitel: „Günstige Farben und wie man sie erkennt."

Steine

Die günstigen Steine für die in dieser Periode geborenen Personen sind der Smaragd, der Diamant und die Perlen.

Berühmte Personen, die in diesem Jahresteil geboren sind

Goethe	28. August
Oliver Wendell Holmes	28. August
Königin Wilhelmine von Holland	31. August
Sir Charles Dilke	04. September
Sir Norman Birkett	06. September
Königin Elizabeth I.	07. September
Lord Oxford and Asquith	12. September
Präsident Taft	15. September
Präsident Diaz	15. September
Sir Edward Marshall Hall	18. September

Eigenschaften von Menschen, die im September geboren sind

Eigenschaften von Menschen, die im Oktober geboren sind

D as Tierkreiszeichen der Waage fängt am 21. September an, aber für die ersten sieben Tage wirken noch die Schwingungen des vorhergehenden Zeichens (Jungfrau) in abgeschwächter Form bis zum 28. September. In seiner vollen Kraft wirkt dieses Zeichen bis zum 20. Oktober und verliert diese dann allmählich in den folgenden sieben Tagen. Gleichzeitig entwickelt sich am 21. Oktober die Schwingung des ankommenden neuen Zeichens - Skorpion.

Das Zeichen der Waage wird symbolisch als eine im Gleichgewicht stehende Waage dargestellt. Menschen, die in diesem Zeichen geboren sind, sind positiv eingestellt und entschlossen in ihren Gedanken und Aktionen. Sie haben eine große Voraussicht und Intuition und der erste Eindruck, den man von ihnen erhält, ist äußerst höflich.

Oft haben sie übersinnliche Fähigkeiten, haben merkwürdige Vorausahnungen und würden sehr fromme Spiritualisten, Theosophen und Okkultisten abgeben und sie sind so stark von dem Wunsch beseelt, alles logisch begreifen zu wollen und sind dann durch die Beweise überwältigt, die sie dann finden.

Sie sind oft sehr erfolgreich als Spekulanten, aber sie besitzen wenig Hochachtung für den Wert des Geldes und erleben in der Regel viele Höhen und Tiefen in ihrem Berufsleben.

In der Symbolik repräsentieren sie das „Gleichgewicht". Sie scheinen immer in Gedanken die Dinge miteinander zu vergleichen und sind stets bestrebt, ein gerechtes Urteil zu finden. Eine große Anzahl von ihnen strebt danach die Rechtswissenschaft zu studieren, und in diesem Berufszweig machen sie sich oft einen Namen als Rechtsanwalt, Rechtsberater oder Richter.

Sie werden auch oft im öffentlichen Leben gefunden, aber wiederum steht ihr angeborenes Verlangen, das Gleichgewicht der Dinge zu harmonisieren, im Vordergrund. Häufig sind sie es, die dann die Gesetze oder Vorschriften für irgendeine Verbesserung erlassen.

Sie sind sehr wissbegierig und verbringen oft viel Zeit mit irgendwelchen Studien zu besonderen Themen, aber immer wird jede Seite gewissenhaft abgewägt und ausgeglichen. Sie sind die idealsten Doktoren (eher in der Naturwissenschaft als in der Allgemeinmedizin) und werden gewöhnlich zu einem Meister in ihrem Fachgebiet.

In allen Berufsfeldern, in denen eine Tiefe zum Studium, Aufmerksamkeit und Differenzierung verlangt werden, sind sie erfolgreich. Aber auch alle anderen beruflichen Lebenswege sind in der Regel günstig für sie.

In der Ehe sind sie selten glücklich. In ihren Beziehungen scheinen sie auch viel zu viel abzuwägen und auszugleichen.

In ihrem Heim sehnen sie sich nach Frieden und Glück, aber dabei werden sie gewöhnlich zu anspruchsvoll, und das Ergebnis ist meistens eine Katastrophe. Als Entschädigung dafür besitzen sie allerdings einen großen Kreis von Freunden und Bekannten und sind sehr begehrt als Begleiter zu irgendwelchen Unternehmungen.

Freunde

Sie finden ihre besten Freundschaften und Verbindungen mit Personen, die in ihrem eigenen Zeichen, zwischen dem 21. Januar und dem 27. Februar und zwischen dem 21. Mai und dem 27. Juni und auch mit Personen, die im Zentrum ihres eigenen Dreiecks geboren sind. [23]

Gesundheit

Menschen, die in diesem Zeitraum geboren sind, leiden zumeist an den Nerven und seelischer Bedrückung. Des Weiteren können auch Schmerzen am Rücken, am Kopf und den Nieren auftreten. Manchmal leiden sie auch unter eigenartigen Hauterkrankungen.

Die Frauen, die unter diesem Zeichen geboren sind, leiden oft auch an den inneren Organen und müssen sich unter Umständen operieren lassen.

Farben

Die günstigsten Farben für sie sind alle Schattierungen von Blau, Violett, Purpurrot und Lila. [24]

Steine

Die günstigen Steine für die in dieser Periode geborenen Personen sind der Opal und die Perlen.

---

[23] siehe Kapitel: „Lebensdreiecke und deren Geistesverwandtschaft"
[24] Für eine genauere Farbanalyse sollten sie die Farben betrachten, die zu den jeweiligen günstigen Geburtstagen erläutert werden. Kapitel: „Günstige Farben und wie man sie erkennt."

Berühmte Personen, die in diesem Jahresteil geboren sind

Julius Caesar	23. September
Lord Roberts	30. September
Mahatma Gandhi	02. Oktober
Sir Alfred Munnings	08. Oktober
George II. von England	10. Oktober
Ralph Vaughan Williams	12. Oktober
Oscar Wilde	16. Oktober
Frederick III. von Germany	18. Oktober
Martin Luther	22. Oktober
Sarah Bernhardt	22. Oktober

Eigenschaften von Menschen, die im November geboren sind

Das Tierkreiszeichen des Skorpions fängt am 21. Oktober an, aber für die ersten sieben Tage wirken noch die Schwingungen des vorhergehenden Zeichens (Waage) in abgeschwächter Form bis zum 28. Oktober. In seiner vollen Kraft wirkt dieses Zeichen bis zum 20. November und verliert diese dann allmählich in den folgenden sieben Tagen. Gleichzeitig entwickelt sich am 21. November die Schwingung des ankommenden neuen Zeichens - Schütze.

Das Zeichen des Skorpions wird durch zwei Symbole repräsentiert, einmal durch den Skorpion und einmal durch den Adler.

Personen, die in diesem Zeitraum geboren sind, scheinen voller Widersprüche zu sein. Das Beste und das Schlechteste erwägen sie in ihrem ausgewählten Schlachtfeld.

Bis zu einem Alter von ungefähr zwanzig Jahre sind sie üblicherweise höchst tugendhaft und religiös, aber wenn ihre Natur geweckt wird, dann fangen sie häufig an, in der entgegengesetzten Richtung zu schwingen.

Gleichzeitig findet man auch die größten „Heiligen" in diesem Zeitraum. Alles bleibt allerdings sehr emotional, und dies ist auch der wirkliche Grundton in ihrem Charakter.

Sie haben eine große magnetische Kraft, und in der Kommunikation mit ihrem Publikum appellieren sie eher an die Emotionen und Gefühle als zur Logik, aber jedes Mal beeinflussen sie ihre ausgewählten Zuschauer.

Sie haben ein ausgezeichnetes Schreibtalent, sind sehr dramatisch in ihrer Beschreibungsgabe und sind ungewöhnlich vielseitig in ihren Befähigungen.

In der Gefahr und in plötzlichen Krisen sind sie kühl und sehr bestimmt und viele der allerbesten Chirurgen sind in diesem Zeitraum geboren.

Ihr größter Fehler ist, dass sie zu anpassungsfähig zu den Leuten sind, mit denen sie in Kontakt kommen.

Sie sind oft große Menschenfreunde mit großen Plänen, um die Welt besser zu machen, und das Lob hierfür wird sie oft dazu zwingen, große Dinge in der Welt für ihre Mitmenschen zu tun.

Fast immer führen sie zwei verschiedene Leben - eins für die Augen der Welt und das andere für sich.

Sie haben kluge Ideen im Geschäft und in der Politik, aber als Berater von anderen Personen sind sie unschlagbar. Sie sollten davor gewarnt werden, ihre Dinge nicht bis zum nächsten Tag aufzubewahren, da die Verschleppung eine ihrer hartnäckigsten Sünden ist.

Sie sind geistige Kämpfer und sind sehr scharfsinnig in ihren Argumenten. Sie sind sehr gute Organisatoren und „Schreibtischgeneräle", jedoch verabscheuen sie das Blutvergießen und den Streit im wirklichen Leben.

Aus diesem Grund gewinnen sie oft den Ruf eines Friedensstifters, und in der Tat schlichten sie Auseinandersetzungen und bringen Feinde dazu, sich die Hände zu schütteln. König Edward VII., geboren am 9. November, war ein gutes Beispiel dieser Eigenschaft.

Mit ihren Worten, Briefen oder Schriften können sie, ähnlich dem Biss einer Schlange, andere Menschen verletzen, aber bei der geringsten Zurschaustellung von Gefühlen oder Emotionen, wird alles vergessen.

Keine Menschengruppe hat mehr Freunde oder Feinde als die, die in diesem Zeitraum geboren sind, aber ihre starke Persönlichkeit führt sie wie eine widerstandsfähige Welle durchs Leben.

Der Sex spielt eine sehr große Rolle in ihrem Leben. Die Frauen ziehen die Männer an und die Männer ziehen die Frauen an; aber in den Fällen, wo der Wille und der Ehrgeiz den Ton angeben, können sich die starken Sex-Naturen besser beschränken.

Menschen, die in diesem Zeichen geboren sind, sollten vor allem dazu ermutigt werden, ihren Ehrgeiz zu entwickeln, da diese Eigenschaft sie vor Zügellosigkeit und Sexbesessenheit bewahren wird; dann werden sie jedes Opfer eingehen oder sich dem Vergnügen versagen und mehr Arbeit vollbringen, als jede andere Klasse zuvor.

Sie neigen zu Egoismus und wollen alles dem Bedürfnis der Notwendigkeit opfern; aber im Widerspruch dazu gibt es keine Menschen, die, wenn sie einmal erfolgreich sind, großzügiger im Zurückerstatten ihrer Hilfe sind, die sie erhalten haben, als die Skorpion-Geborenen.

In ihrer Heimstatt werden die Männer dazu bewegt, dogmatisch zu sein und zu herrschen; aber ihr Einfluss über Frauen ist so großartig, dass ihnen fast immer verziehen wird.

Mit ihrem starken magnetischen Einfluss besitzen sie im Allgemeinen eine seltsame psychologische Macht über andere; sie sind die geborenen Naturheiler, da sie imstande sind, etwas von ihrer großen Vitalität abzugeben, und wenn ihre Emotionen oder ihr Mitleid geweckt wird, dann lieben sie es, nachzugeben und zu helfen, und werden jeder Gefahr ins Gesicht spucken.

Über kurz oder lang werden sie sich im Allgemeinen für okkulte Dinge interessieren, sie entwickeln ungewöhnliche hellseherische Kräfte und erreichen oft Ruhm und Ehre als Schriftsteller, Maler oder Dichter.

Sie sind natürliche Philosophen, innige Studenten der Natur und beobachten und analysieren die Charaktere der anderen Personen.

Sie werden im Allgemeinen geliebt und von jenen verehrt, die sie kennen, aber es gibt sehr wenige, die unter diesem Zeichen geboren sind, die in irgendeiner Etappe in ihrer Karriere fliehen mussten, weil sie durch einen Skandal angegriffen wurden.

Menschen, die in diesem Zeichen geboren sind, haben im Allgemeinen zwei Erwerbsquellen. In der Regel gehen sie in ihrer Jugend durch viel Schwierigkeiten oder müssen viel Entbehrungen in Kauf nehmen; solche Prozesse scheinen ihre Willenskraft und Ehrgeiz zu vergrößern und über kurz oder lang krönt der Erfolg und der Ruhm beinahe immer ihre Anstrengungen.

Freunde

Sie finden ihre besten Freundschaften und Verbindungen mit Personen, die in ihrem eigenen Zeichen, zwischen dem 21. Juni und dem 27. Juli, zwischen dem 19. Februar und dem 27. März und im Zentrum ihres eigenen Dreiecks geboren sind. [25]

Gesundheit

In der Regel sind diese Menschen in ihrer Jugend sehr leicht und dünn, jedoch nehmen sie in der Mitte ihres Lebens häufig an Gewicht zu und werden korpulent.

Später neigt das Herz dazu, ihr schwächstes Organ zu werden und sie sollten sich davor hüten, es zu überbeanspruchen.

Farben

Die günstigsten Farben für sie sind alle Schattierungen von Purpurrot und Blau. [26]

Steine

Die günstigen Steine für die in dieser Periode geborenen Personen sind der Türkis, der Rubin und alle roten Steine.

---

[25] siehe Kapitel: „Lebensdreiecke und deren Geistesverwandtschaft"
[26] Für eine genauere Farbanalyse sollten sie die Farben betrachten, die zu den jeweiligen günstigen Geburtstagen erläutert werden. Kapitel: „Günstige Farben und wie man sie erkennt."

Berühmte Personen, die in diesem Jahresteil geboren sind

Pablo Picasso	25. Oktober
Präsident Roosevelt	27. Oktober
Kapitän Cook	28. Oktober
"Cheiro"	01. November
Marie Antoinette von Frankreich	02. November
Vivien Leigh	05. November
Feldmarschall Lord Montgomery	17. November
Charles I. von England	19. November
George Eliot	22. November
Charles de Gaulle	22. November

Eigenschaften von Menschen, die im Dezember geboren sind

Das Tierkreiszeichen des Schützen fängt am 21. November an, aber für die ersten sieben Tage wirken noch die Schwingungen des vorhergehenden Zeichens (Skorpion) in abgeschwächter Form bis zum 28. November. In seiner vollen Kraft wirkt dieses Zeichen bis zum 20. Dezember und verliert diese dann allmählich in den folgenden sieben Tagen. Gleichzeitig entwickelt sich am 21. Dezember die Schwingung des ankommenden neuen Zeichens - Steinbock.

Der Schütze wird symbolisch entweder durch die Figur eines Bogenschützen repräsentiert oder durch einen Kentauren, der einen Pfeil vom Bogen abschießt.

Jene, die in diesem Zeitraum geboren sind, werden alle Dinge, die sie übernehmen, äußerst furchtlos und entschlossen ausführen. Auch in ihrer Rede sind sie sehr freimütig, und oft werden sie in ihrer Kritik falsch beurteilt und machen sich so bittere Feinde.

Ihre ganze Aufmerksamkeit wird stets dem Augenblick gewidmet, und wenn sie eine Aufgabe haben, dann scheinen sie nichts anderes zu sehen, als ihre eigenen Bemühungen, solange, bis sie ihre Arbeit beendet haben. Sie sind, wie auch immer, die größten Arbeiter; sie scheinen niemals müde zu werden, bis sie mit ihren Kräften am Ende sind und in Erschöpfung fallen.

Gewöhnlich sind sie sehr ehrenvoll, besonders aber, wenn sie spüren, dass ihnen andere implizit vertrauen. Durch ihre extreme Ehrlichkeit nehmen sie jeden Betrug übel und demaskieren jeden Täuschungsversuch, besonders aber, wenn solche Handlungen gegen ihre eigenen Interessen verstoßen.

Es gibt zwei Charaktere, die in diesem Zeitraum geboren sind. Die Einen schätzen ihre Lebensideale sehr hoch ein und ein Appell an ihnen würde mit einer unmittelbaren Antwort belohnt werden.

Jene der ersten Charakterklasse sind wie das Salz der Erde in Bezug zu ihrer Sorgfaltpflicht, für ihre Angestellten und Untergebenen.

Sie haben einen enormen Unternehmungsgeist im Geschäftsleben, aber sie wollen sich niemals in eine bestimmte Richtung festlegen lassen; weil sie oder andere in einem bestimmten Bereich erfolgreich gewesen sind, heißt das noch lange nicht, dass sie den gleichen Weg beschreiten müssen. Aus diesem Grund findet man oft, dass die Männer, die in dieser Periode geboren sind, plötzlich ihren Beruf wechseln und vom Pfarrer zum Börsenmakler oder vom Professor zum Händler umsatteln; während sich die Frauen, die bisher erfolgreich in einem Gewerbe tätig waren, sich nun einem völlig neuem Studium widmen.

Vielleicht durch ihre starke Konzentrations- und Willenskraft, sind sie in der Regel in allem erfolgreich, was sie anfangen und sie sollten immer frei entscheiden können, welche Berufung gewählt wird.

Die Menschen der zweiten Charakterklasse, die in diesem Zeitraum geboren sind, werden leicht von anderen anerkannt und gewürdigt; einerseits wegen ihrer scharfen Kritikfähigkeit für jeden, die mit dem Geld knauserig umgehen und in der Ärmlichkeit leben, obwohl sie sich ein besseres Leben leisten können.

Personen dieser zweiten Charakterklasse werden oft durch ihren egoistischen Ehrgeiz aufgefressen. In jedem Land, in dem sie leben, erzwingen sie sich ihren Weg in Regierungspositionen. Sie liebäugeln mit Titeln und sind Snobs in jeder Beziehung.

Sie sind auch Heuchler und religiöse Fanatiker der schlimmsten Sorte, aber der einfachste Menschenkenner wird sie nach ein wenig Beobachtung, niemals mit der anderen Charakterklasse im gleichen Zeichen verwechseln.

Aber beide Charakterklassen dieses Zeichens sind der Musik treu. Häufig sind sie ausgezeichnete Musiker.

In allen Dingen neigen Sie zum Extremen. Sie treffen oft plötzliche Entscheidungen oder ändern schnell ihre Meinung. Manchmal bedauern sie dies auch, aber sie sind meist zu stolz, um ihre Fehler in der Öffentlichkeit zu bestätigen.

Die männlichen Vertreter dieses Zeichens verheiraten sich meist immer aus dem Bauch heraus, und später bedauern sie es. Jedoch sind sie zu stolz, es zuzugeben, und häufig gelten sie als ein Musterbeispiel für eine glückliche Ehe, selbst wenn es in Wirklichkeit die Erbärmlichste ist.

Die Frauen, die in diesem Zeichen geboren sind, sind gewöhnlich die nobleren der beiden; sie wollen ihre Ehemänner erfolgreich machen und werden alles opfern, um diesen Traum verwirklicht zu sehen. In der Regel sind sie keusch und lieben ihr Zuhause. Falls sie unglücklich verheiratet sind, versuchen sie dennoch, das Beste daraus zu machen.

Sie sind große Kirchgänger, manchmal mit der Meinung, dass ihr Beispiel nützlich für die Welt sein kann.

Sie verehren das Gesetz und die Ordnung und machen das Beste aus ihren Umständen. Ihre Kinder erziehen sie nach den striktesten Maßstäben von Pünktlichkeit und Gehorsam.

Personen, die in dieser Periode geboren sind, sollten niemals aufhören, aktiv zu sein, selbst wenn sie erfolgreich sind - die Untätigkeit würde für sie Niedergeschlagenheit und einen frühen Zerfall bewirken.

Freunde

Sie finden ihre besten Freundschaften und Verbindungen mit Personen, die in ihrem eigenen Zeichen, zwischen dem 21. März und dem 26. April, zwischen dem 21. Juli und dem 27. August und im Zentrum ihres eigenen Dreiecks, nämlich zwischen dem 21. Mai und dem 27. Juni, geboren sind. [27]

Gesundheit

Sie neigen mehr an Rheumatismus zu leiden, als an einer anderen Krankheit. Ihr Hals und ihre Lungen sind auch sehr empfindlich, und mitunter treten Hautprobleme auf. Besonders in ihren letzten Jahren leiden sie unter ihrem Nervensystem, dem Ischias und der Lähmung.

Farben

Die günstigsten Farben für sie sind alle Schattierungen von Violett, Purpur und Lila. [28]

---

[27] siehe Kapitel: „Lebensdreiecke und deren Geistesverwandtschaft"

[28] Für eine genauere Farbanalyse sollten sie die Farben betrachten, die zu den jeweiligen günstigen Geburtstagen erläutert werden. Kapitel: „Günstige Farben und wie man sie erkennt."

Steine

Die günstigen Steine für die in dieser Periode geborenen Personen sind der Amethyst und der Saphir.

Berühmte Personen, die in diesem Jahresteil geboren sind

Königin Alexandra	01. Dezember
Thomas Carlyle	04. Dezember
Sir Hamilton Harty	05. Dezember
Henry VI.	06. Dezember
Admiral, Lord Jellicoe	06. Dezember
Sir Walter Scott	06. Dezember
Joseph Conrad	06. Dezember
Sir Osbert Sitwell	06. Dezember
Feldmarschall Lord Alexander	10. Dezember
Präsident Woodrow Wilson	28. Dezember

Zeitspanne	Zusätzlich bis zum	Sternzeichen	Planet	Zahl
21. März-19. April	26. April	Widder	Mars (+)	9
20. April-20. Mai	27. Mai	Stier	Venus (+)	6
21. Mai-20. Juni	27. Juni	Zwillinge	Merkur (+)	5
21. Juni-20. Juli	27. Juli	Krebs	Mond (+)	2 + 7
21. Juli-20. August	27. August	Löwe	Sonne (+)	1 + 4
21. August-20. September	27. September	Jungfrau	Merkur (-)	5
21. September-20. Oktober	27. Oktober	Waage	Venus (-)	6
21. Oktober -20. November	27. November	Skorpion	Mars (-)	9
21. November -20. Dezember	27. Dezember	Schütze	Jupiter(+)	3
21. Dezember -19. Januar	26. Januar	Steinbock	Saturn (+)	8
20. Januar-19. Februar	26. Februar	Wassermann	Saturn (-)	8
20. Februar-20. März	27. März	Fische	Jupiter (-)	3

Okkulte Bedeutung der Zahlen mit den Geburtsdaten

B eim ersten Anblick mag es wohl extravagant erscheinen, wenn ich ihnen erzähle, dass meine Methode sehr leicht zu erlernen ist. Wenn sie sich an die einfachen Regeln halten, die ich in jahrelanger Erfahrung herausgefunden habe, dann werden sie in Harmonie mit ihrer eigenen Schwingung sein und mehr Erfolg in ihrem Leben anziehen.

Einige Untersuchungen, die ich zu diesem Thema gebe, werden beweisen, dass es einen großen Deal in der seltsamen Theorie gibt, die ich nun in diesem Buch erläutern werde.

Wenn ich mich mit solchen Themen befasse, bin ich jederzeit bestrebt, es auf einer einfachen Art und Weise zu erklären. Sogar Menschen, die sich noch nie mit okkulten Studien befasst haben, sollten im Stande sein, es zu verstehen, um selbst einige Experimente an sich selbst durchzuführen.

Nur neun Zahlen

Von vornherein ist es notwendig, die Idee zu begreifen, dass es nur neun Zahlen gibt, nämlich die Zahlen von 1 bis 9. Alle anderen Zahlen jenseits der neun sind nur Wiederholungen von eben diesen neun Zahlen. Zum Beispiel ist eine 10 eine 1 mit einer hinzugefügten Null, eine 11 ergibt eine 2, eine 12 ergibt eine 3 und eine 13 ergibt eine 4 und so weiter bis zu jeder beliebigen Zahl, die man untersuchen kann.

Die okkulte Seite davon kann man in der Tatsache finden, dass der Mensch sein Wesen durch den Einfluss der sieben kreativen Planeten erhält. Jenseits dieser sieben Planeten gibt es noch zwei andere, nämlich den Uranus und den Neptun, dessen Bereich die geistige oder spirituelle Ebene der Dinge ist, und die Zahlen, die diese beiden Planeten repräsentieren, sind seit Menschengedenken mit den Zahlen der Sonne und dem Mond verbunden (die einzigen beiden Planeten, denen zwei Zahlen zugeordnet sind). Die folgende Übersicht zeigt die natürliche Zuordnung der Zahlen mit den Planeten.

Sonne	1 + 4
Mond	2 + 7
Mars	9
Merkur	5
Jupiter	3
Venus	6
Saturn	8

Auf diese Weise werden die neun Zahlen, auf denen das Leben all seine Berechnungen aufbaut, erklärt und so sind auch alle Planeten unseres Sonnensystems, von der Erde bis hin zu den "Fixsternen", die Gestalter aller Schöpfungen, so wie es schon die Menschen der Antike wussten.

Geburtstage

Wenn wir die oben genannte Erklärung als eine Startbasis nehmen, dann ist der Leser nun in der Lage, meiner Theorie zu folgen - eine Theorie, die ich in vielen Jahren ausgearbeitet und bewiesen habe. Sie ist unabhängig davon, in welchem Zeitraum des Jahres jemand geboren ist, aber sie besagt, dass es eine seltsame Zuneigungs- und Anziehungskraft zwischen den Personen gibt, die die gleiche Zahl in ihrem Geburtsdatum haben. Zum Beispiel wird eine Person, die am 1. eines beliebigen Monats geboren ist, mit anderen Personen, die am 1., 10., 19. oder 28. eines beliebigen Monats geboren sind, gut auskommen, viel besser als mit anderen Personen, die nicht an diesen Tagen geboren sind.

Eine Ausnahme bilden jedoch die Leute, die unter den Zahlen der Sonne (1+ 4) und des Mondes (2+ 7) geboren sind. Diese Menschen ziehen sich gegenseitig an und sind die "natürlichsten Freunde"; aber alle anderen Zahlen ziehen nur ihre eigene Klasse an, obwohl es auch noch eine Verbindung zwischen den Personen gibt, die unter der Zahl 3, 6 und 9 geboren sind.

Menschliche Charakterverwandtschaft

Eine solche Anziehungskraft besteht jedoch mehr geistig als physisch. Es ist sozusagen so, dass die Planeten der gleichen Zahl den Geist beherrschen und dass jene, die an den gleichen Daten geboren sind, eine Ähnlichkeit der Gedanken aufweisen.

Eine physische Anziehungskraft besteht dann, wenn das Geburtsdatum von zwei Menschen in gewissen Monaten des Jahres übereinstimmt (siehe nächstes Kapitel) und wenn in solch einem Fall auch die Geburtstagszahlen übereinstimmen, dann wird sowohl die körperliche als auch die geistige Anziehungskraft gefunden werden, die eine unzerbrechliche Freundschaft entstehen lässt. Diese Beschreibung ähnelt der oft missbrauchten Redewendung, dass jene "Ehen im Himmel geschlossen werden".

Solche Ehen werden in der Tat im Himmel gemacht, einerseits durch die Planeten und andererseits durch die Jahresperiode, von der man die Sympathien übernimmt.

Lebensdreiecke und deren Geistesverwandtschaft

I n den vorherigen Kapiteln gab ich die Erläuterungen von Personen, die in einem bestimmten Teil des Jahres geboren sind, doch besteht zusätzlich eine seltsame Sympathie und Anziehungskraft zwischen den Personen, die unter der gleichen Zahl geboren sind bzw. unter dem gleichen Geburtstag.

Beispiel:

Wenn nun eine Person am 1. eines beliebigen Monats geboren ist, dann findet sie auch andere sympathisch und attraktiv, die am 1., 10., 19. oder 28. eines beliebigen Monats geboren sind, weil all diese Zahlen mittels der natürlichen Addition (Quersumme) eine 1 ergeben.

10	=	1	+	0	=	1						
19	=	1	+	9	=	10	=	1	+	0	=	1
28	=	2	+	8	=	10	=	1	+	0	=	1

Und dies wird für jede Zahl so gehandhabt, um die "spirituelle Zahl" zu erhalten.

Die nächste Regel besteht darin, dass die doppelte Zahlenzugehörigkeit von Sonne (1 + 4) und Mond (2 + 7) beachtet werden müssen. Wenn nun zum Beispiel eine Person am 2. eines beliebigen Monats geboren ist, dann ist sie auch mit jenen in Harmonie, die am 2., 7., 11., 16., 20., 25. und 29. eines beliebigen Monats geboren sind, weil all diese Tage mit der 2 und der 7 in Verbindung stehen.

Diese Personen würden auch mit den Menschen im Einklang sein, die unter der Zahl der Sonne (1 + 4) geboren sind, nämlich am 1., 4., 10., 13., 19., 22. und 31. eines bestimmten Monats, da diese Tage der 1 und der 4 angehören. In der folgenden Tabelle können die einzelnen Reihen der Monatstage einfach erkennen.

Eins	1	10	19	28
Zwei	2	11	20	29
Drei	3	12	21	30
Vier	4	13	22	31
Fünf	5	14	23	
Sechs	6	15	24	
Sieben	7	16	25	
Acht	8	17	26	
Neun	9	18	27	

Wie ich herausgefunden habe, werden diese Sympathien entsprechend dem Monat, an dem die Personen geboren sind, auch vergrößert.

Die zwölf Monate eines Jahres werden durch vier Dreiecke aufgeteilt, die jeweils dem gleichen Element angehören, nämlich Feuer, Wasser, Luft und Erde.

Die folgende Abbildung zeigt die vier verschiedenen Lebensdreiecke, die den verschiedenen Elementen zugeordnet sind.

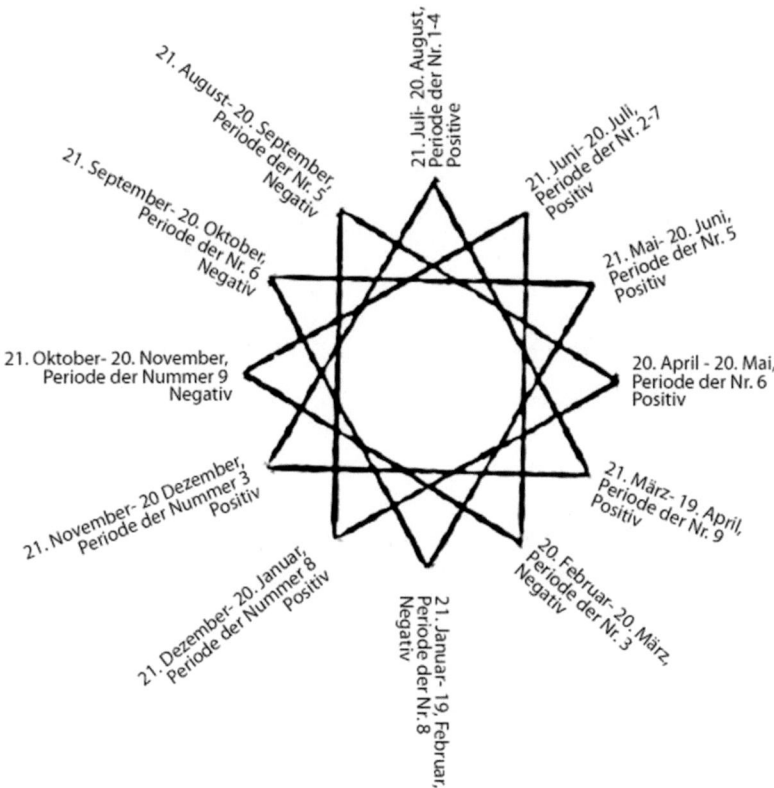

21. Juli- 20. August,
Periode der Nr. 1-4
Positive

21. August- 20. September,
Periode der Nr. 5
Negativ

21. September- 20. Oktober,
Periode der Nr. 6
Negativ

21. Oktober- 20. November,
Periode der Nummer 9
Negativ

21. November- 20 Dezember,
Periode der Nummer 3
Positiv

21. Dezember- 20. Januar,
Periode der Nummer 8
Positiv

21. Januar- 19. Februar,
Periode der Nr. 8
Negativ

20. Februar- 20. März,
Periode der Nr. 3
Negativ

21. März- 19. April,
Periode der Nr. 9
Positiv

20. April - 20. Mai,
Periode der Nr. 6
Positiv

21. Mai- 20. Juni,
Periode der Nr. 5
Positiv

21. Juni- 20. Juli,
Periode der Nr. 2-7
Positiv

LEBENSDREIECKE

Das Feuerdreieck

Das Feuerdreieck entsteht dadurch, dass wir als den ersten Punkt den Zeitraum zwischen dem 21. März und dem 19. April auswählen, der zweite Punkt liegt dann auf der linken Seite zwischen dem 21. Juli und dem 20. August und der dritte Punkt auf der rechten Seite zwischen dem 21. November und dem 20. Dezember. Dadurch erhalten wir die richtigen Plätze der "Feuereigenschaften".

Wenn man nun von jeder Spitze des Dreiecks eine Linie zur gegenüberliegenden Seite zieht, dann findet man die „zentrale Verwandtschaft" dieses Zeichens. Diese zentrale Verwandtschaft ist in der Regel ebenso stark wie die Zeiträume, die an den drei Spitzen stehen, obwohl sie in Opposition zum jeweiligen Charakter stehen.

Wenn ihr nun finden solltet, dass eine Person in einem geeigneten Dreieck geboren ist, auch mit einer passenden Geburtstagszahl gesegnet ist, dann besteht sowohl eine geistige als auch körperliche Anziehungskraft zu dieser Person.

Verwandtschaft

1. Haus   21. März bis 19. April und bis 26. April
2. Haus   21. Juli bis 20. August und bis 27. August
3. Haus   21. November bis 20. Dezember und bis 27. Dez.

Zentrale Verwandtschaft

1. Haus   21. September bis 20 Oktober und bis 27. Okt.
2. Haus   21. Januar bis 19. Februar und bis 26. Februar
3. Haus   21. Mai bis 20. Juni und bis 27. Juni

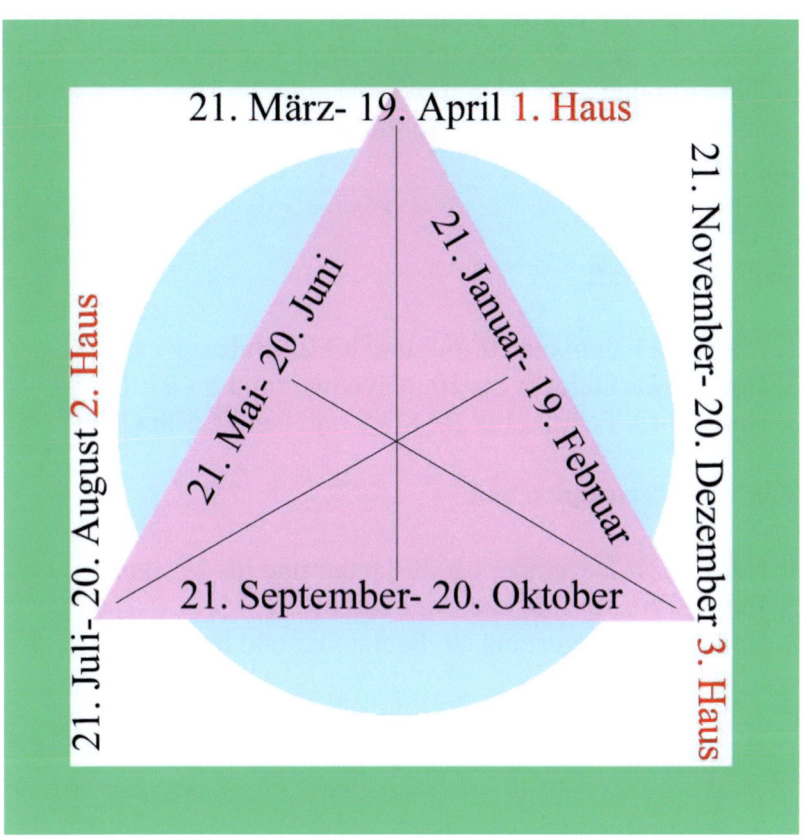

DAS FEUERDREIECK

Das Wasserdreieck

Das symbolische Dreieck, das das Element des Wassers repräsentiert, wird in der folgenden Weise geformt: Als ersten Punkt
wählen wir den Zeitraum vom 21. Juni bis zum 20. Juli aus,
den wir an der Spitze positionieren. Den Zeitraum vom 21.
Oktober bis zum 20. November setzen wir an die linke Seite
und die Periode vom 19. Februar bis zum 20. März wird an der
rechten Seite festgemacht. Somit ist das Wasserdreieck voll-
ständig.

Verwandtschaft

1. Haus   21. Juni bis 20. Juli und bis 27. Juli
2. Haus   21. Oktober bis 20. November und bis 27. Nov.
3. Haus   19. Februar bis 20. März und bis 27. März.

Zentrale Verwandtschaft

1. Haus   21. Dezember bis 20 Januar und bis 27. Januar
2. Haus   20. April bis 20. Mai und bis 27. Mai
3. Haus   21. August bis 20. September und bis 27. Sept.

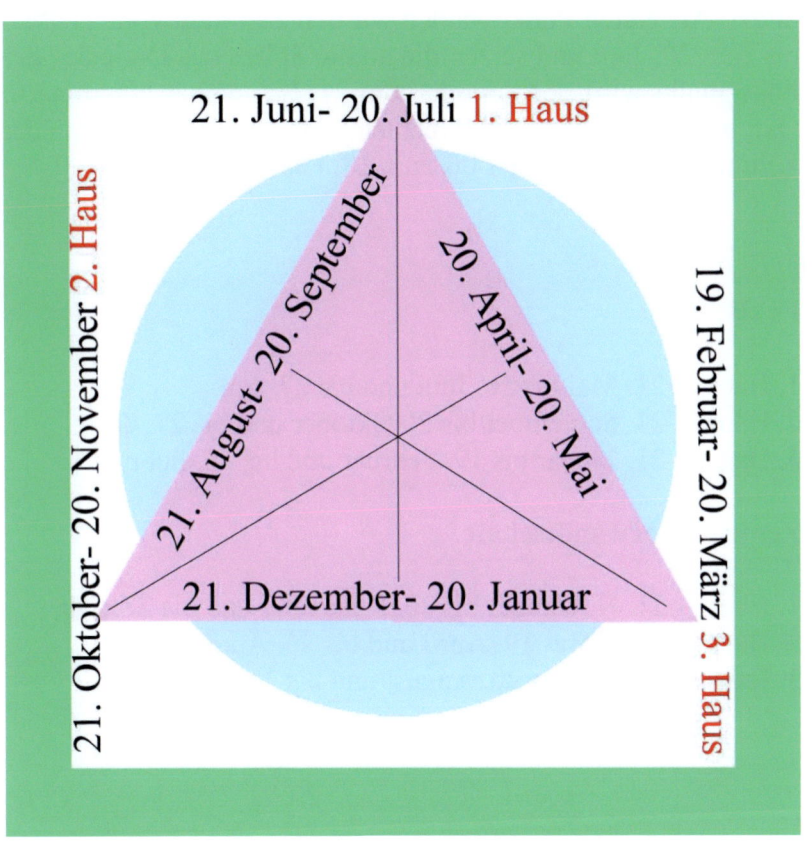

DAS WASSERDREIECK

Das Luftdreieck

Das symbolische Luftdreieck wird in der folgenden Weise gebildet: Als ersten Punkt wählen wir den Zeitraum vom 21. Mai
bis zum 20. Juni und setzen ihn an die Spitze des Dreiecks; der
linke Punkt wird der Periode vom 21. September bis zum 20.
Oktober zugeordnet; an der rechten Seite befindet sich dann der
Zeitraum vom 21. Januar bis zum 18. Februar.

Erklärung

1. Haus   21. Mai bis 20. Juni und bis 27. Juni
2. Haus   21. September bis 20 Oktober und bis 27. Okt.
3. Haus   21. Januar bis 19. Februar und bis 26. Februar

Zentrale Verwandtschaft

1. Haus   21. November bis 20. Dezember und bis 27. Dez.
2. Haus   21. März- 19. April und bis 26. April
3. Haus   21. Juli bis 20. August und bis 27. August

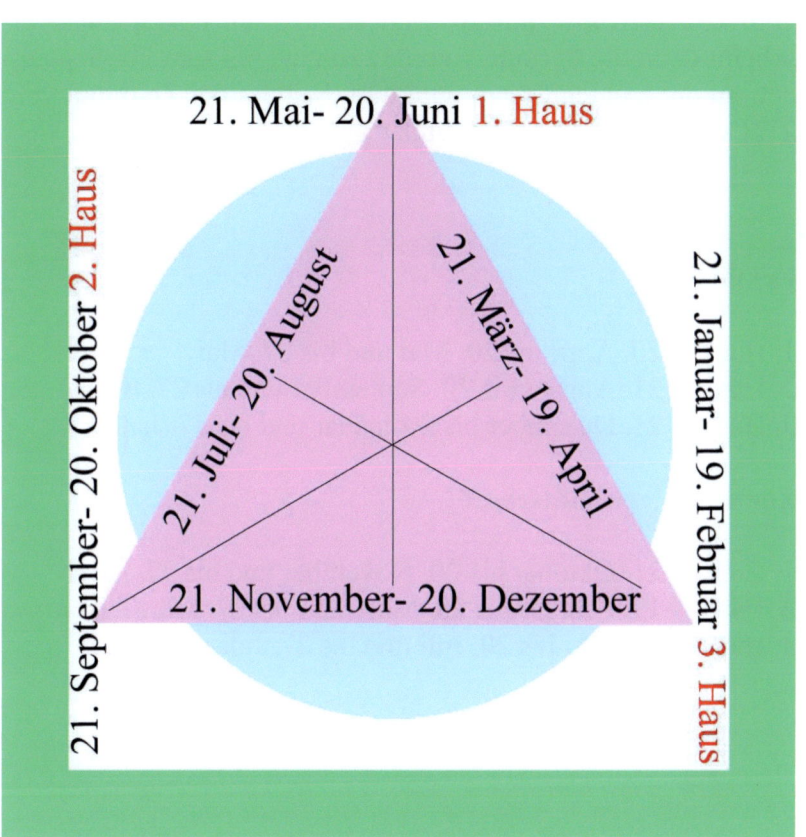

DAS LUFTDREIECK

Das Erddreieck

Das symbolische Dreieck des Elements der Erde wird in der folgenden Weise gebildet: An der Spitze wird der Abschnitt vom 20. April bis zum 20. Mai gesetzt; am linken Punkt erscheint dann die Periode vom 21. August bis zum 20. September; an der rechten Spitze wird zum Schluss der Zeitraum vom 21. Dezember bis zum 20. Januar gesetzt.

Erklärung

1. Haus   20. April bis 20. Mai und bis 27. Mai
2. Haus   21. August bis 20. September und bis 27. Sept.
3. Haus   21. Dezember bis 20 Januar und bis 27. Januar

Zentrale Verwandtschaft

1. Haus   21. Oktober bis 20. November und bis 27. Nov.
2. Haus   19. Februar bis 20. März und bis 27. März
3. Haus   21. Juni bis 20. Juli und bis 27. Juli

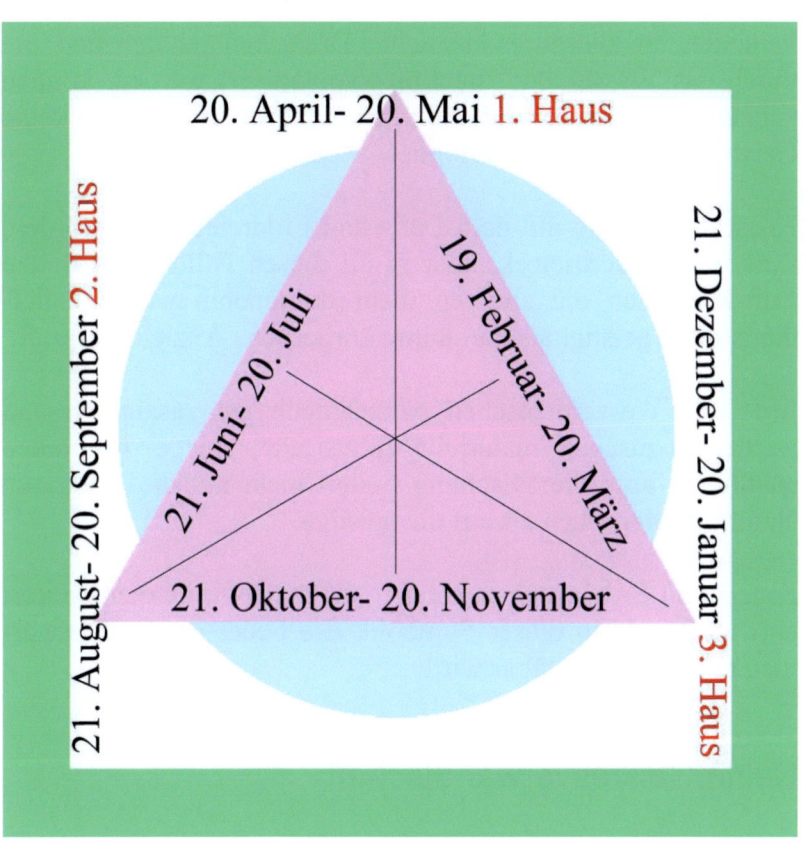

DAS ERDDREIECK

Durch diese vier Dreiecke wird das ganze Jahr repräsentiert und Personen, die in den Abschnitten der unterschiedlichen Dreiecke geboren sind, werden durch ihre Neigungen zueinander angezogen, besonders wenn auch ihre Zahlen miteinander harmonieren.

Personen, die allerdings in solchen Dreiecken geboren sind, die durch das Wasser und die Luft symbolisiert werden, können zueinander günstige Verbindungen eingehen, obwohl sie keine Geistesverwandtschaft verbindet.

Es ist das gleiche mit dem Luft- und Erddreieck und mit dem Luft- und Feuerdreieck, aber in all diesen Fällen werden die Luft-Menschen die anderen mehr dominieren wollen, allerdings mehr geistig, als durch ihre körperliche Anziehungskraft.

Erd- und Wassermenschen passen auch gut zusammen und werden sozusagen materielle (physische) Dinge zusammen ausführen; aber die Mischung basiert mehr auf die materielle Natur des Menschen als auf die geistige.

Feuer- und Erdmenschen können sich auch zusammen weiterentwickeln, da in dieser Symbolik das Feuer die Erde erwärmen und somit fruchtbar wird.

Keine Geistesverwandtschaft

All diese zitierten Fälle können, wie ich sage, sich zueinander anziehen und sogar einander behilflich sein; aber es ist nicht das, was man als wahre Sympathie bezeichnen kann, und in solch einem Fall besteht immer die Möglichkeit, dass sie sich trennen. Wenn aber jene Personen auf den gleichen Dreiecken zu finden sind und besonders wenn sie unter den wohlgesinnten

Zahlen geboren sind, dann werden sie sich, sobald sie zusammenkommen, niemals trennen. Wenn sie es aber dennoch tun (unter einem ungewöhnlichen Druck der Umstände), dann kommen sie gewöhnlich wieder zusammen.

Personen, die unter der Symbolik des Feuers und des Wassers geboren sind, werden sich jedoch niemals verbinden. Wenn sie aber dennoch, durch die Notwendigkeit der Ehe, gezwungen werden zusammenzuleben, dann trennen sie sich sicherlich irgendwann wieder und können am Ende sogar Feinde werden.

Im folgenden Kapitel werde ich mich mit den Farben befassen, bezogen auf die Personen, die an bestimmten Tagen des Jahres geboren sind und ich werde erklären, wie ihre Farben und ihre Zahlen harmonisch zueinander passen.

Günstige Farben und wie man sie erkennt

I ch werde jetzt fortfahren zu erklären, wie die Schwingungen von den Farben und Zahlen zusammenpassen, eine Erklärung, die für meine Leser vom größten Nutzen sein werden. So wie die dominierende Zahl unseres Geburtszeichens unsere Eigenschaften von unserem Wesen beschreiben, können wir weiter unser Wissen erweitern, indem wir nun die wichtigen Farben herausfinden, die mit den Zahlen harmonieren.

Ich will zu verstehen geben, dass ich mich in diesen Kapiteln mehr mit der materiellen Seite der Existenz befasse als mit der geistigen und folglich behandle ich in diesen Seiten keine Fragen bezüglich der geistigen Zahlen oder der astralen Farben. Ich denke auch, dass diese Punkte für einen fortgeschrittenen Okkultisten sehr kompliziert sind.

Auch sind die in diesem Buch enthaltenen Lehren für die Allgemeinheit bestimmt, die sich mehr Sorgen um ihre materielle Existenz macht und mit ihrem Erfolg auf der Erde beschäftigt ist. Ich glaube, dass es sehr vorteilhaft ist, wenn ein größerer Kreis von Menschen erfährt, wie hilfreich der praktische Zweck dieser Studie ist, und sobald dieser Punkt begriffen wird, wird man fortfahren, solche Fragen für sich zu prüfen.

Wahre Schwingungen

Egal wie schön ein Klavier, eine Harfe oder ein anderes Musikinstrument ausschaut, wenn die Schwingung der Saiten nicht in Übereinstimmung mit ihrer korrekten Tonleiter ist, dann wird das Instrument für die Musik nutzlos sein.

Es ist das gleiche mit uns Menschen; wenn ihre Schwingungen in der Harfe des Lebens nicht harmonieren, ihre Gedanken und Handlungen Missklänge verursachen und die unbeachtete Kraft der Natur still vorbeizieht oder sie inaktiv werden lässt, dann ist die Harmonie gestört und sie werden ihren Zweck in der Natur niemals erreichen.

Auch wie die Zeit, die so wenig Bedeutung zur Natur hat und so ergibt es sich, dass sie sich nicht über so unendlich kleine Dinge wie das menschliche Leben kümmert, mit ihren sonderbaren sechzig und zehn Jahren des Leids oder des Glücks. Aber dem Menschen ist seine Lebensdauer sehr wichtig; folglich ist es für uns obligatorisch, dass wir die Geheimnisse der Natur so schnell und so früh wie möglich kennen lernen, so dass wir in den natürlichen Plan so gut wie möglich reinpassen.

Ohne diese Erörterung weiter zu verfolgen, werde ich jetzt die Hauptfarben aufzeigen, die mit der Geburtstagszahl in Verbindung stehen.

Wie man die Farben benutzt

Obwohl die Erde weit heller aussehen würde, wenn wir uns im normalen Leben mit unseren wahren Farben kleiden würden, so wie es die Blumen dieser Erde machen, kann ich jedoch nicht erwarten, dass ich diese Änderung sofort bei meinen Lesern bewirken kann, und somit muss ich mich damit zufrieden geben, darauf zu hoffen, dass meine Leser es vielleicht in einer leichteren Form probieren. Vielleicht in der Gestaltung ihrer Arbeitszimmer oder Büros, in denen sie über ihre Pläne nachdenken, ihre Briefe schreiben oder ihre Freunde treffen. Wenn sie es auf diese Weise machen, dann glaube ich ehrlich, dass sie schnell den materiellen Erfolg anziehen werden.

Farben und Edelsteine, die der Zahl 1 zugeordnet werden

Die Personen, die die Zahl 1 als ihre Geburtszahl haben, sind all diejenigen, die am 1. 10. 19. oder 28. eines jeden Monats geboren sind. Die Bedeutung dieser Zahl verstärkt sich jedoch, wenn sie zusätzlich vom 21. Juli bis zum 20. August und mit einer leichten Abschwächung bis zum 28. August oder vom 21. März bis zum 20. April und mit einer leichten Abschwächung bis zum 28. April geboren sind. Die erfolgreichen Tage des Einers sind somit der 1., 10., 19. und 28. eines beliebigen Monats.

Ihre Hauptfarben sind alle Schattierungen vom blassesten Gelb bis hin zu den tiefen orangen oder goldenen Farbstichen, und sie können auch die Farben der Zweier und der Siebener benutzen, nämlich alle Schattierungen vom blassesten bis zum dunkelsten Grün, auch cremefarbige und weiße Accessoires sind vorteilhaft. Alle violetten, blauen, dunkelroten und rosa Farben sind günstig, aber sie werden nicht *wie die Hauptfarben behandelt, sondern sollten nur als zusätzliche Farben benutzt werden.*

Personen, die die 1 als ihre Geburtstagszahl haben, sollten so viele Hauptfarben wie möglich um sich haben, wenigstens in ihren Räumen oder Ateliers und in ihrer Kleidung. Als Schmuckstein sollten sie den Topas oder den Bernstein tragen.

Farben und Edelsteine, die der Zahl 2 zugeordnet werden

Die Personen, die die Zahl 2 als ihre Geburtszahl haben, sind all diejenigen, die am 2. 11. 20. oder 29. eines jeden Monats geboren sind. Die Bedeutung dieser Zahl verstärkt sich jedoch, wenn sie zusätzlich vom 21. Juni bis zum 20. Juli und mit einer leichten Abschwächung bis zum 27. Juli geboren sind. Die erfolgreichen Tage des Zweiers sind somit der 2., 11., 20. und 29. eines beliebigen Monats.

Ihre Hauptfarben sind alle Schattierungen vom blassesten bis hin zum dunkelsten Grün, auch Cremefarben und Weiß, aber sie können auch die Farben der Einer und der Vierer benutzen. Rosafarbene und hellblaue Farbtöne sind auch günstig, aber nur als zusätzliche Farben. Personen, die die 2 als ihre Geburtstagszahl haben, sollten sich darum bemühen, die hellen Farbtöne zu tragen und zu benutzen und sie sollten versuchen, die dunklen Farbtöne zu vermeiden. Ihre günstigen Schmucksteine sind Perlen, Katzenauge und Mondstein.

Farben und Edelsteine, die der Zahl 3 zugeordnet werden

Die Personen, die die Zahl 3 als ihre Geburtszahl haben, sind all diejenigen, die am 3. 12. 21. oder 30. eines jeden Monats geboren sind. Die Bedeutung dieser Zahl oder Farbe verstärkt sich jedoch, wenn sie zusätzlich vom 19. Februar bis zum 20. März und mit einer leichten Abschwächung bis zum 27. März oder vom 21. November bis zum 20. Dezember und mit einer leichten Abschwächung bis zum 27. Dezember geboren sind. Die erfolgreichen Tage des Dreiers sind somit der 3., 12., 21. und 30. eines beliebigen Monats.

Ihre Hauptfarben sind alle Schattierungen von Lila und Violett, die sie in ihren Räumlichkeiten oder um sich herum haben sollten. Als günstigen Schmuckstein sollten sie einen Amethyst bei sich tragen. Als zusätzliche Farben sind alle Farbtöne von blau, karmesinrot, rosa und gelb vorteilhaft.

Farben und Edelsteine, die der Zahl 4 zugeordnet werden

Die Personen, die die Zahl 4 als ihre Geburtszahl haben, sind all diejenigen, die am 4. 13. 22. oder 31. eines jeden Monats geboren sind. Die Bedeutung dieser Zahl oder Farbe verstärkt sich jedoch, wenn sie zusätzlich vom 21. Juli bis zum 20. August und mit einer leichten Abschwächung bis zum 27. August oder vom 21. Januar bis zum 19. Februar und mit einer leichten Abschwächung bis zum 26. Februar geboren sind. Die erfolgreichen Tage des Vierers sind somit der 4., 13., 22. und 31. eines beliebigen Monats.

Ihre Hauptfarben sind alle Farbtöne und Schattierungen von Grau und Beige und die untergeordneten Tönungen von Gelb und Grün.

Der Saphir ist wegen seiner Farbschwingungen der günstigste Stein für die Vierer.

Farben und Edelsteine, die der Zahl 5 zugeordnet werden

Die Personen, die die Zahl 5 als ihre Geburtszahl haben, sind all diejenigen, die am 5. 14. oder 23. eines jeden Monats geboren sind. Die Bedeutung dieser Zahl oder Farbe verstärkt sich jedoch, wenn sie zusätzlich vom 21. Mai bis zum 20. Juni und mit einer leichten Abschwächung bis zum 27. Juni oder vom 21. August bis zum 20. September und mit einer leichten Abschwächung bis zum 27. September geboren sind. Die erfolgreichen Tage des Fünfers sind somit der 5., 14., und 23. eines beliebigen Monats.

Ihre Hauptfarben sind alle Schattierungen von Silbergrau, glitzerndes Weiß oder versilberten funkelnden Substanzen und so zusätzliche Farben wie die blassen oder feinen Farbtöne von allen anderen Farben. Dunkle Schattierungen sollten gemieden werden.

Diese Leute sind weit magnetischer, wenn sie sich nicht mit den Hauptfarben und den dunkleren Schattierungen umgeben. Sie sollten solche Edelsteine tragen, die möglichst aus Platin und Silber bestehen und mit Diamanten versetzt sind.

Farben und Edelsteine, die der Zahl 6 zugeordnet werden

Die Personen, die die Zahl 6 als ihre Geburtszahl haben, sind all diejenigen, die am 6. 15. oder 24. eines jeden Monats geboren sind. Die Bedeutung dieser Zahl oder Farbe verstärkt sich jedoch, wenn sie zusätzlich vom 20. April bis zum 20. Mai und mit einer leichten Abschwächung bis zum 27. Mai oder vom 21. September bis zum 20. Oktober und mit einer leichten Abschwächung bis zum 27. Oktober geboren sind. Die erfolgreichen Tage des Sechsers sind somit der 6., 15. und 24. eines beliebigen Monats.

Ihre Hauptfarben sind alle Blauschattierungen, von der hellsten bis hin zur dunkelsten. Sie haben mehr zusätzliche Farben als eine andere Klasse, und ihr Bereich geht durch alle Farben, außer Schwarz und dunkles Violett.

Der Türkis und der Smaragd sind die günstigsten Steine, die diese Personen wegen seiner Farbschwingungen tragen sollten.

106

Farben und Edelsteine, die der Zahl 7 zugeordnet werden

Die Personen, die die Zahl 7 als ihre Geburtszahl haben, sind all diejenigen, die am 7. 16. oder 25. eines jeden Monats geboren sind. Die Bedeutung dieser Zahl oder Farbe verstärkt sich jedoch, wenn sie zusätzlich vom 21. Juni bis zum 20. Juli und mit einer leichten Abschwächung bis zum 27. Juli geboren sind. Die erfolgreichen Tage des Sieheners sind somit der 7., 16. und 25. eines beliebigen Monats.

Ihre Hauptfarben sind genau jene, die ich bei dem Personenkreis beschrieben habe, die unter der Zahl 2 geboren sind, mit jedoch einem Unterschied, dass sie mehr positiver im Charakter sind, als die Zweier, somit können sie auch stärkere oder mehr positive Farben tragen, aber alle Schattierungen von Grün und Gelb bleiben ihre Hauptfarben.

Die günstigsten Schmucksteine sind Mondsteine, alle weißen Steine und Katzenaugen, aber die Siebener sollten versuchen, die dunklen Farben zu vermeiden, sowohl in den Steinen als auch in anderen Materialien.

Farben und Edelsteine, die der Zahl 8 zugeordnet werden

Die Personen, die die Zahl 8 als ihre Geburtszahl haben, sind all diejenigen, die am 8., 17. oder 26. eines jeden Monats geboren sind. Die Bedeutung dieser Zahl oder Farbe verstärkt sich jedoch, wenn sie zusätzlich vom 21. Dezember bis zum 20. Januar und mit einer leichten Abschwächung bis zum 27. Januar oder vom 27. Januar bis zum 20. Februar und mit einer leichten Abschwächung bis zum 27. Februar geboren sind. Die erfolgreichen Tage des Achters sind somit der 8., 17. und 26. eines beliebigen Monats.

Der erste erwähnte Zeitraum ist dem Positiven zugeordnet, während die zweite Periode dem negativen Pol angehört.[29]

Diese Leute mit ihrer unveränderlich starken Persönlichkeit sollten sehr sorgfältig mit ihrer Umgebung und mit ihren Farben sein.

Sie scheinen "fehl am Platz" und reizbar zu sein, wenn sie sich mit feinen, hellen oder knalligen Tönen umgeben und sie können unter solchen Umständen still, launisch und mutlos werden.

In ihrem Innersten sind sie sehr ernsthafte, beständige und seriöse Menschen. Sie sollten sich daran erinnern, dass alle schweren und ernsten Farben ihre *Geburtsfarben* sind.

Wenn Kinder unter diesem Einfluss der Zahl 8 (die immer als die Zahl des Mysteriums gehalten worden ist) geboren sind, besonders wenn sie auch dem "8. Haus" angehören, scheinen seltsamerweise nicht ins Bild zu passen, wenn sie mit hellen und knalligen Farben gekleidet sind, und wenn sie heranwach-

---

[29] Siehe Seite 80

sen, dann wird dies immer mehr betont. In Wirklichkeit aber passen alle dunklen Schattierungen zu ihnen und scheinen in Harmonie mit ihrer Persönlichkeit und ihrer "Stimmung" zu stehen.

Ihre Hauptfarben sind alle Tönungen von Dunkelgrün, Dunkelblau, Dunkelbraun, Purpur und Schwarz. Diese Farben sollten auch für die Kleidung gewählt werden.

Nehmen sie zum Beispiel einen Mann, der unter dieser Zahl geboren ist und kleiden sie ihn mit diesen hellen Kleidungsstücken ein. Schauen sie ihn an und sie werden denken, dass er wie ein Bäcker aussieht, der gerade aus dem Urlaub gekommen ist; wenn sie aber diesen Mann mit den Farben kleiden, die zu ihm passen, dann wird jedermann begeistert über seinen Charme und seine Persönlichkeit sprechen.

In ihren Häusern oder Geschäftsbüros gilt wieder die gleiche Regel. Solche Menschen fühlen sich behaglich und "zu Hause", wenn ihre Zimmer mit Eichenverkleidungen und dunklen Holzvertäfelungen verziert sind. Wenn aber ein gedankenloser Architekt ihnen einen hellen oder verspielten Hintergrund anbietet, dann werden sie sich "fehl am Platze" fühlen.

Günstige Schmucksteine sind alle dunklen Steine wie dunkle Rubine, Karbunkel und dem dunkel-getönten Saphir, der am besten zu den Achtern passt.

Farben und Edelsteine, die der Zahl 9 zugeordnet werden

Die Personen, die die Zahl 9 als ihre Geburtszahl haben, sind all diejenigen, die am 9., 18. oder 27. irgendeines Monats geboren sind, aber diese Nummer und ihre Farbe sind von noch größerer Bedeutung, wenn diese Menschen im „Haus der 9", geboren sind, nämlich, vom 21. März bis zum 19. April und mit einer leichten Abschwächung bis zum 26. April oder vom 21. Oktober bis zum 20. November und mit einer leichten Abschwächung bis zum 27. November.

Ihre Hauptfarben sind alle Abstufungen von karminrot oder rot, und ihre zusätzlichen Farben sind pink und rosa, aber sie sind glücklicher, wenn sie die dunkleren Schatten dieser Farben vermeiden. Alle Tönungen von blau sind jedoch für sie sehr günstig.

Sie sollten rote Steine wie Rubine, Granate, und Blutsteine tragen.

Wenn sie in einigen Graden diesen Regeln folgen, die ich über die Zahlen und Farben gegeben habe und die Informationen in den vorherigen Kapiteln beachten, dann werden sie sehr schnell über die guten Ergebnisse überrascht sein, die nun in ihr Leben treten.

Es sind keine Vermutungen oder bloße Theorien, die ich aufgestellt habe. Sie sind erstens von den ältesten Schriften übernommen worden, die von den höchsten Autoritäten auf dem Gebiet zusammengefasst worden sind und zweitens sind sie von mir in tausenden Fällen überprüft worden, bevor ich sie benutzt habe.

Das Gesetz der "Schwingungen aller Dinge" ist so großartig wie das Gravitationsgesetz. Es hat allerdings eine breitere und höhere Bandbreite, da es unsere Gedanken ebenso wie unsere Aktionen betrifft. Professor Proctor hat in seinem bedeutenden Astronomiewerk die Regel aufgestellt, dass die kleinste Schwingung im kleinsten Atom im entferntesten Planeten unseres Sonnensystems ganz genau gefühlt wird und sich mit unserem Menschenleben auf diesem Planeten verband. Obwohl viele dieser Schwingungen nicht von uns beobachtet werden können wie die Farben, die jenseits von Ultrarot und Ultraviolett liegen, so ist dies noch lange kein Beweis, dass sie nicht ebenso mächtig sind wie jene, die wir prüfen können.

Es ist eine wohlbekannte Tatsache, dass es Töne und Schwingungen in der Musik gibt, die wir mit unseren Ohren nicht empfangen können, aber es gibt Tiere, die diese Klänge wahrnehmen.

Wir empfangen Licht und Wärme nur durch eine gewisse Schwingungsspannung, und Wissenschaftler haben erklärt, dass sogar das Leben nur eine Frage der Schwingung ist - wenn die Schwingung unter einem gewissen Punkt fällt, dann hört alles auf zu existieren.

Indem man den einfachen Regeln in diesem Buch folgt, ist man in Harmonie mit der Natur und erzeugt weniger Reibung, da die gleiche Schwingung gelebt wird, die man bereits seit der Geburt mit sich trägt. Somit wird man dann im Stande sein, mehr zu vollbringen und wird erfolgreicher.

Erfolg und Glück sind die Hauptangelpunkte im Leben, von denen soviel abhängt, sowohl für uns als auch für jene, mit denen wir, in unserer kurzen Fahrt von der Wiege bis zum Grab, in Kontakt gebracht werden.

Anhang

Zahl	Planet	Geboren am	Günstige Tage	Weitere günstige Tage
1	Sonne	1., 10., 19., 28.	1., 10., 19., 28.	2., 4., 7., 11., 13., 16., 20., 22., 25., 29., 31.
2	Mond	2., 11., 20., 29.	2., 11., 20., 29.	1., 4., 7., 10., 13., 16., 22., 25., 28., 31.
3	Jupiter	3., 12., 21., 30.	3., 12., 21., 30.	6., 9., 15., 18., 24., 27.
4	Uranus	4., 13., 22., 31.	4., 13., 22., 31.	1., 2., 7., 10., 11., 16., 19., 20., 25., 28., 29.
5	Merkur	5., 14., 23.	5., 14., 23.	
6	Venus	6., 15., 24.	6., 15., 24.	3., 9., 12., 18., 21., 27., 30.
7	Neptun	7., 16., 25.	7., 16., 25.	1., 2., 4., 10., 11., 13., 19., 20., 22., 28., 29., 31.
8	Saturn	8., 17., 26.	8., 17., 26.,	4., 13., 22., 31
9	Mars	9., 18., 27.	9., 18., 27.	3., 6., 12., 15., 21., 24., 30.

Zahl	Günstige Wochentage	Günstige Zeiträume	Günstige Farben	Günstige Steine
1	**Sonntag,** Montag	21. Juli- 28. August 21. März- 28. April	Gelb, Orange, Gold	Topas, Bernstein
2	**Montag, Freitag,** Sonntag	20. Juni- 27. Juli	Creme, Weiß, alle Grüntöne	Perlen, Mondstein, Jade
3	**Donnerstag, Freitag,** Dienstag	19. Februar- 27. März 21. November- 27. Dezember	Malvenfarbig, Violett, Purpur, alle Blautöne	Amethyst, blaue Onyx, Lapislazuli
4	Sonnabend, **Sonntag,** Montag	21. Juni- 27. Juli 22. Juli- 31. August	Silber, Hellblau, Grau	Saphir, Onyx
5	**Mittwoch,** Freitag	21. Mai- 27. Juni 21. August- 27. September	helle Farben, Hellgrau, Weiß, glitzernde Farben	Diamant, Silber, Platin
6	Dienstag, Donnerstag, **Freitag**	20. April- 27. Mai 21. September- 27. Oktober	blaue Farbtöne, Rosa	Türkis, Smaragd
7	Sonntag, **Montag**	21. Juni- 31. August	Grüntöne, Weiß, Gelbtöne	Mondstein, Katzenauge, Perlen
8	**Sonnabend,** Sonntag, Montag	21. Dezember- 26. Februar	Dunkelgrau, Schwarz, Dunkelblau, Lila	Amethyst, der dunkle Saphir, schwarze Perle, schwarze Diamant
9	**Dienstag,** Donnerstag, Freitag	21. März- 26. April 21. Oktober- 27. November	Karminrot, Rot, Pink, Rosa, Blautöne	Rubin, Granat, Blutstein

Cheiro's Geheimnisse der Hand

Ihre Vergangenheit, Gegenwart und Zukunft

Schon immer gab es Menschen, die die Welt mit ihrem Können und Wissen, bezauberten. In vielfältigen Demonstrationen bewiesen sie ihre Qualifikationen und erregten die Gemüter zu großem Erstaunen. Einer dieser großartigen Charaktere war Cheiro. Bereits in jungen Jahren reiste er in Ferne Länder, um etwas über die „geheiligten" Wissenschaften herauszufinden. Sein Wissensdurst war so enorm, dass er keine freie Zeit vertrödelte.

Er wollte alles in Erfahrung bringen, was mit dem Leben in Verbindung zu bringen war. Nach ausgedehnten Studien wurde er zum Berater der angesehenen Persönlichkeiten mit Rang und Namen. Seine Vorrausagungen erhielten solch einen Wert der Präzision, dass niemand auch nur an seine Glaubwürdigkeit zweifelte.

Cheiro war der größte und erfolgreichste Handleser zu seiner Zeit und ein gern gesehener Gast bei den Größen in der Welt mit Rang und Namen. Er las die Hände von Mark Twain, Sarah Bernhardt, Mata Hari, Oscar Wilde, Grover Cleveland, Thomas Edison, General Kitchener und William Gladstone und kam dabei zu bemerkenswerten Resultaten.

Cheiro war einst der ungekrönte Meister aller Chirologen. Beispiellose Vorraussagen bescheinigten ihm sein großes Können. So sagte er das Datum vom Tod der Königin Victoria, das Jahr und sogar den Monat, wann König Edward VII. verscheiden würde, das schreckliche Schicksal, das den Zaren von Russland erwartete, das Attentat von König Humbert von Italien, den Mordanschlag auf das Leben des Schahs in Paris und vieles mehr voraus.

Verlag : Engelsdorfer Verlag
ISBN : 978-3-86703-225-4
Einband : Paperback
Preisinfo : 8,20 Euro[D] / 8,50 Euro[A]
Seiten/Umfang : 88 S. - 21 x 15 cm
Erschienen: 02.2007

Weitere Übersetzungen von Cheiro sind geplant und können auf meiner Homepage eingesehen werden.

http://www.juergen-berus.de